知的生きかた文庫

気にしない練習

名取芳彦

三笠書房

はじめに――「気にしない人」になるための手がかり、足がかり

何かを忘れられずに困っている人に、忘れてしまえと言っても無理。同様に、気にしている人に、気にするなと言うのは酷な話。

気になっている人は、実際に気になっているのですから、どうしようもありません。言われたほうは、「そうか、人によっては気にしない程度のことなのだな」とわかるのがせいぜいでしょう。中には逆ギレして「人の気も知らないで、何を呑気で無責任なことを！」と怒りだす人もいます。

本書は、色々なことを気にしていた私自身や、私の出会った人たちの具体例を散りばめて、どうすれば気にしないようになれるかを、仏教を土台に展開しました。

私たちは人生の多くの場面で、カメラマンのように一部分だけを切り取って印象づけるクセがついています。

たとえば、運動会のかけっこで、何を被写体に選ぶか。スタート直前の緊張してい

る子、一生懸命走っている子、一等でゴールする子、二等になって悔しい子、熱心に応援する子などさまざまな被写体があります。

そのうち、どれを自分の心というカメラにおさめるかは、人によって異なります。ここで、写すべきではないものを被写体にしてシャッターを切り、心に焼きつけてしまう人がいます。

みじめな自分の心象風景を焼きつけてしまう人。怒っている自分を撮ってしまう人。屈辱を受けた時にカシャとシャッターを切って人を恨み続けてしまう人。幸せだった過去の自分のワンカットを大切にして現在の不遇を嘆く人。

こうして、気にすべきでないことを心に残し、気にすることになります。

人生には、記憶に留めるべきワンカットもあれば、被写体として選ばないほうがいい情景もあります。

つまり、気にすべきこと、気にしたほうがいいことがある一方で、気にしないほうがいいこと、気にすべきでないこともあるのです。

気にしたほうがいいことは、自分を高め、他人を安心させること。「こうしたほうが自分はよい方向に向かうだろう」「こうすればあの人は楽になるだろう」などです。

現状より向上する可能性があるのなら、気にしたほうがいいのです。

気にしないほうがいいことは、気にしても自分が向上できそうもないこと、あるいは自分をみじめにするようなことでしょう。

それから、気にすべきでないことは、自分の力ではどうしようもないことです。

私たちは、気にすべきことや気にしたほうがいいことを気にせず、気にしないほうがいいことや気にすべきでないことを気にしてしまうことがよくあります。

いずれも、一つの状況で誤った被写体を写し撮るようなものです。

本書は、**誤って心に焼きつけてしまった被写体を別の角度から撮った被写体に交換し、これから出合うさまざまな状況で、どんなことに焦点を当てたらいいのか**を示したつもりです。

本書が「気にする」人にとって、ジメジメした世界から、晴れ晴れとした、心おだやかな毎日を作り、「気にしない」人になるための手がかり、足がかりになれば幸いです。

名《な》取《とり》芳《ほう》彦《げん》

もくじ

2章

それは、あなたの「考えすぎ」

3章 うつうつした時は、こう考える

4章

比べない、責めない、引きずらない

5章

人生をシンプルに変えるヒント

6章

「今」「ここ」を大事に生きる

編集協力／岩下賢作
本文DTP／株式会社Sun Fuerza

1章

もっと「鈍感力」を磨く

○仏教は「いい人になれ」なんて言ってません

仏教では、「いい人になりましょう」とは説きません。ここが道徳と違うところです。では、仏教ではどんな旗標《はたじるし》を掲げるのでしょう。

私は**「いつでも、どんなことがあっても、心がおだやかでいられる境地を目指したい人！　この指とーまれ！」**と言っていると思うのです。

心おだやかな境地を目指したい心を菩提心《ぼだいしん》と言います。仏教では、その菩提心を土台にして、具体的な生活方法を戒で説きます。

よく戒律と言いますが、戒と律は似て非なるもの。戒は自主的に「私はこれを守ろう」とする項目のこと。ですから戒を破っても、誰からも罰せられません。ダイエットしようと自分で決めたら、たくさん食べてしまっても、誰にも咎《とが》められないのと同じです。

これに対して律は、法律という用語に使われるように強制力があります。律を破ると他から罰せられます。一つの組織に属している限り、「この規則は嫌だ」と言っても駄目です。律を破れば組織から追いだされたり、牢獄につながれることになります。

仏教にも律があり、破門されることもありますが、宗団に属しているお坊さん専用なので、一般の皆さんにまで適用されるものではありません。

さて、些細なことでも気になり、心おだやかな日々が送れない人のために、仏教には十善戒があります。十の善なる戒と書きますが、内容は〝遠ざかったほうがいい悪いことの十カ条〟。むやみな殺生、時間を含めた盗み、男女のよこしまな関係、嘘、きれいごと、乱暴な言葉づかい、人の悪口、物惜しみ、怒り、誤った見方の十種です。「心おだやかになるために○○をしよう」と積極的に何かするのでなく、逆の発想で「○○しなければいい」と説きます。

悪いことからなるべく遠ざかっていれば、それでいいのです。

「悪いことをしないだけで、あなたはいい人です」とも言えますが、仏教は「いい人」を目指すための教えではなく、心がおだやかになるための教えなのです。

子供のころから「いい子にしなさい」と育てられた人は、反抗期を迎えると悪い子になる（演じる）ことがあります。いい子も悪い子も、他からの評価に一喜一憂するので、心おだやかに暮らせません。

いい人、悪い人という価値観から離れ、心おだやかな生き方を目指すと、陽春の中で遊んでいるような日が、ぐーんと多くなります。

○人生は、「いい加減」について教えてくれる先生

「この荷物、どこへ置きますか」と質問すると「ああ、どこか適当なところに置いておけばいいから」との返事。

これを「どこでもいい」と解してはいけません。この言葉は、「あなたの判断で、正《まさ》に適した場所に置いてください」という意味だからです。「あなたの裁量にゆだねます」という相手のはからいなのです。ですから、立場によっては責任重大。この責任をわきまえている人が「あいつは使える」と評価されます。

「おでかけですか。どちらまで」に対する最も適した返答は「はい、ちょっとそこまで」という適当きわまりない答えです。ものごとを適当に考えられない人は「行き先を答えていないではないか」と憤慨しますが、怒るほどのことではありません。相手はどこへ行くのかを詮索しているわけではなく、元気な姿が見られて嬉しいですという意味の挨拶をしているだけなので「ちょっとそこまで」でいいのです。あたたかいコミュニケーションだと思います。でも、会社でやっちゃ駄目ですよ。

話かわって日光東照宮にある陽明門。柱は地面に木が生えていた時と同じ向きで使

うのが普通だそうですが、たくさんある柱の中に一本だけ上下が逆になっているものがあります。観光旅行で訪れるとガイドさんが必ず説明してくれる場所です。

「あんまりきっちりしていると魔物が入ると言われるのでこうなっているんですよ」の説明に、しっかりしすぎているゆえのもろさのようなものを感じたことがあります。

きっちりしすぎてスキがないために、いったん崩れると一気に崩壊しそうな人や物はたくさんあります。ある程度の〝いい加減さ〟は強いし、強いからこそ〝いい加減〟にもなれるのです。

サーカスのピエロはいい加減なことばかりしている道化者ですが、登場する場面の一番の経験者しかなれないと聞いたことがあります。危険な技を知りつくしていないと、演者の手助けをできないからだそうです。

いい加減には二つの意味があって、一つはチャランポランであやふやなこと、もう一つはよい加減でちょうどいいという意味。本当にチャランポランな人がいい加減だと、周囲からアングリと口をあけられてしまいます。一方で、しっかりした力を持っている人がいい加減なのは、とても粋《いき》です。

どんな時にいい加減でよくて、どんな場合にいい加減ではいけないのか。


人生は長い時間をかけて〝いい加減〟について教えてくれる先生です。

○人が自分をどう思うかは「相手の問題」

皆さんがお寺とつき合う中で、知りたいのがお布施の額でしょう。私の場合、「いくらお包みしたらいいですか」と聞かれた時の答えの一つに「聞かないほうがいいですよ。百万円って言われたらどうします？　お気持ちでいいです」があります。同じように、人とつき合う中で知りたいのが相手の気持ち。「私のことをどう思っているのですか」と聞かれたら、私は笑いながら同じように答えるでしょう。「そんなことは聞かないほうが身のためです。嫌いだって言われたらどうするんです？」

恋人同士や人気稼業の芸能人ならいざ知らず、普通のつき合いをしている間柄で、相手が自分をどう思っているか極端に気にする人がいます。その理由は、よく思っていてもらいたいという以上に、悪く思われたくないことに起因している気がします。人から嫌われたいと思っている人はいないでしょう。しかし、自分をどう思うかは相手の問題であって、相手の心をコントロールすることはできません。

それをコントロールしようとして、必要以上に媚《こ》び、へつらい、冗談を言って可愛い自分、ユーモアのある自分をアピールする人もいます。無理をして〝いい子〟になろうとするので、結果として疲れます。

中学生くらいまでの私がそうでした。勉強以外に取り立ててやるべきことがなく、やりたいこともなかった少年の、たった一つの生きがいは、いい人、面白い人になることだったのかもしれません。

大人になって、僧侶というやりがいのある生き方を見つけてからは、人から嫌われないようにすることも、逆に好かれようと努力することもなくなりました。人からの評価より自分がやっていることの満足度が優先しているからです。

おかげで、自分のことを人がどう思っているかを、ほとんど気にしなくなりました。もちろん、人が私のことをどう思っているかくらいの察しはつきます。しかし、それも嫌われてはいないだろう、好かれてはいないだろう程度のレベル。あの人は私のことを好きか嫌いかなんて花占いみたいな二元論で察することはありません。

嫌いでないなら好き、好きでなければ嫌い、いわんや「どちらかと言うと好き？嫌い？」と二元論で考えていると、融通の利かない人間観に陥ります。

人からどう思われているか気になって仕方がない人は、自分のやりたいことを見つけて努力してみてください。

○「みんな言っていますよ」は気にしない

私はもともと、人からの評価が気になる質《たち》です。褒められれば舞い上がり、けなされればオロオロする気の弱いところがあります。家族や仲間には「嘘でもいいから褒めてくれ。〝豚もおだてりゃ木に登る、坊主もおだてりゃ踊りだす〟って格言もあるくらいだ」と訳のわからない懇願をするほどです。

さて、そんな私の友人の中にいるのが自称「情報通」の人物。あちこちに電話をし、メールをしては色々な話をして情報を集め、大した分析もせずに「私だけが知っている」的なノリで人に伝えるのを性《さが》としています。

人は悪くないのですが、少々困った人です。

その彼がよく言うフレーズに「みんな言っていますよ」があります。

「この間の講演会は楽しかったって、みんな言っています」と褒められれば天にも昇った気持ちになります。しかし「先月のあなたのブログの内容は、ちょっと過激だとみんな言っていますよ」と批判めいたことを告げられると、オロオロするばかり。あわてて書いたブログを編集するか削除するという情けなさ。

「世間の口に戸は立てられぬ」の諺《ことわざ》を思いだしつつ慎重になっていたある日、心配になって別の友人に聞くと「へぇ、そんな話があるんですか。私の知っている限り、誰もそんなこと言ってませんけど」との言葉。

私は徐々に〝情報通〟の「みんな言っている」の〝みんな〟は〝全員〟のことではないらしいと気づいたのです。

そこで、ある時、情報通の「みんな褒めてますよ」の言葉を受けて返しました。

「みんなって具体的に誰のこと？」「ええと、○○さんと××さんが言ってました」「ってことは、二人？」「まあ二人が言っているのですから、そう思っている人はその他に大勢いるはずですからね」――私はこの程度のつまらないことに翻弄されていたのです。ちなみに「みんな言っている」のみんなは、多くて三人のことだそうです。

みんなが言おうが一人が言おうが、聞くべきことは聞く耳を持ちたいと思います。

しかし、それ以来「みんな言っています」は気にしなくなりました。

おかげで心おだやかに過ごせる日が多くなりました。

じつは、気にしていただきたいのは「みんな言っています」と言ってしまう人。

情報通を気取らなくても、みんなの代弁者を装う必要も、私だけが言っているのではないと責任回避しなくても、みんなを援軍にして自己主張しなくてもいいのです。

○悪口は言わざる、聞かざる

時代劇などでよく使われるセリフに「あなたはこの場所に松杉を植える人」があります。

松の枝ぶりがいい姿になり、杉が木材として使えるようになるまで、早くて数十年かかります。タンポポのようにすぐに成長して、種は綿毛になって風任せ、落ちた場所で文句も言わずに芽を出すものと違います。つまり、松杉を植える人は、一生をその場所、その境遇にいる人のたとえです。

時代劇での使われ方は、その土地に住んでいない人が「あなたはここに松杉を植えようという人だから、あなたの前でこの土地の人の悪口は言いません。言えばあなたが嫌な思いをするでしょう」と知人を批判しない時の口上。そして、「ここに松杉を植えようとしているあなたが、この土地の人の悪口を言ってはいけません」と悪口を言おうとする人を諫《いさ》めるセリフです。両方とも恰好いい表現だと思います。

同じ環境にいる人を悪く言えば、自分の立場が苦しくなります。同じマンションに住んでいる人、町内の人、会社の同僚、SNSの友達など、同じ境遇にいる人は、ある意味でそこに松杉を植えようとしている人です。同じ共同体に席を置いている限り、自分は松杉を植えようとしているという自覚は必要でしょう。

そうしないと、わが身の立場が苦しくなります。悪口を言えば短時間はせいせいした気持ちになりますが、後々のことを考えれば心おだやかでいられなくなります。

仏教で悪口のことを両舌《りょうぜつ》と言います。二枚舌のことです。AさんにBさんの悪口を言い、Bさんの前ではAさんの悪口を言う人のこと。そんなことをしていれば、いつかわが身が板ばさみ。身の置き所がなくなり、ムンクの『叫び』の絵の状態。本書の性質上、悪口を言ってしまっても気にしない方向で論を展開したいところですが、残念ながら悪口を言うことは気にしたほうが楽に生きられるのです。

もう一つ。悪口を聞くことも気をつけたほうがいいです。冒頭の「あなたはここに松杉を植えようという人だから、あなたの前でこの土地の人の悪口は言いません」は、悪口を聞かない効用も示唆しています。人の悪口を聞きそうになったら言ってみてください。

「ちょっと待ってください。私はここに松杉を植えようとしている身。私は席をはずしますから、悪口はその後で言ってください」——そんなことを言えば、あなたが悪く言われる？　そんな悪口を言う人こそ、気にしない、気にしない。

お世話や親切は〝しっぱなし〟がよい

心おだやかに生きていくことを目指す仏教が、その目的達成の手段として勧めるのは、布施《ふせ》、持戒《じかい》、忍辱《にんにく》、精進《しょうじん》、禅定《ぜんじょう》、智恵《ちえ》の六波羅蜜《ろくはらみつ》。布施は見返りを求めない行為。持戒は仏教の戒を守ること。忍辱は屈辱を耐え忍ぶこと。精進は努力、禅定は心を落ちつけること。智恵は考える力・感じる力・気づく力を磨くこと。

これとは別に、人として身につけるべき徳として、布施、優しい言葉を使う愛語《あいご》、人のために行動する利行《りぎょう》、相手の立場になる同事《どうじ》の四つをあげます。これを四摂《ししょう》と言います。

六波羅蜜と四摂の冒頭は両方とも布施。よほど大切な教えだからでしょう。布施は梵語《ぼんご》でダーナ。仏教が中国に入る時、音写されて旦那の字が当てられました。旦那さんの旦那です。訳して、施しを広く行き渡らせる意味で布施になりました。

お経には、布施する人もされる人も、布施されるもの（こと）も、布施という意識がないのがいいと書いてあります。

布施する人は「してあげる」なんて思わないし、布施された人は「してもらった」と思わない、そして何を布施したのか、されたのかもわからなくていいと言うのです。これはかなり難しいですね。

そんな無意識の布施の具体例は、無意識なのですから思いだせません。思いだせたら、その時点で布施でなくなるのですから、右の布施の条件は少々酷な定義だと思います。

とはいえ、人のお世話や親切（これも布施の一つです）というのはやっかいなもので、あなたが誰かの世話になり、親切にしてもらってしばらくたった時、風の頼りに「親切にしてあげたのに、○○と言っていましたよ」と聞けば、心おだやかではいられないでしょう。「ぐへっ！　見返りを期待していたの？」とあわてふためきます。

こちらがお世話をした場合も同様です。後になって「せっかくお世話をしてあげたのに」と愚痴がでるようでは、相手からの感謝を期待してお世話したことになります。

仏教で言えば、お世話や親切は布施。見返りを求めない行為なのですから〝やりっぱなし〟〝しっぱなし〟でいいのです。それで満足すべき、尊い行ないなのです。

人のお世話ができたり、親切にできるのは人としてとても素晴らしいことです。その素晴らしさの輝きを増すために、**やり終えたら忘れちゃいましょ！**

○最初に摩擦が起きるのは「いいこと」です

人には自分のやり方、方法、ルールのようなものがあります。

誰でも、タンスの引き出しの一番上は何、二番目は何と決まっているでしょう。夕飯では、「とりあえずビール！」を自分のルールにしている人もいるでしょう。

私は手紙の宛て名を書く時に、まず中央に○○様と書いてからバランスを考えて住所を書きます。若いころ、住所や宛て名がすべて右側に寄って、まるで波で打ち寄せられたひじきみたいになった苦い経験が何度もあるからです。

自分がたどりついたルールは、今のところ、うまくいっている方法です。その方法に自信があります。今までそれでやってきて問題がないので、それでいいと思うし、その方法がベストで、普遍性があると過信することさえあります。

ところが、自分のルールが誰にでも通用する訳ではありません。異なった環境で育ち、経験が異なれば、たどりつく方法もルールも、色々あります。

一般企業の社員と公務員のやり方が違うのは当たり前。経験豊富な上司と未熟な若手社員は、同じことをするにもやり方が異なります。「今日できることを明日するな」

をモットーにしている人もいれば、忙しい生活に嫌気がさして、私のように「明日できることを今日するな」を信条にしている人もいます。

嫁姑の争いも、夫婦や恋人の犬も食わない喧嘩も、それまでの生活ルールが異なるために起きます。自分なりのルールでうまくやってきた人が、ルールの異なる相手に、自分のルールを押しつければ摩擦が起きるのは当然のこと。

そして、**ものごとの最初に摩擦が起きるのはいいことです。**摩擦を起こさないために最初から我慢などしなくてもいいのです。

互いが自分のルールを主張するのは、うまくいくために必要なことで、後は、ルールのすり合わせをすればいいのです。

「あなたはそう思うのですね。私はこう思っているのです。どこをどうやって妥協できるか考えてみましょう」「なるほど、あなたのルールにも一理ありますね。では、それでやってみましょうか」と言えばいいのです。

それが心おだやかに生きるコツです。

もし、すべての住人が互いに自分のルールを他人に押しつける町があったら、私はそこには住みたくありません。そんな町の住民にならないように、笑顔で互いのルールのすり合わせをしてみましょう。

○私はよく〝バカ坊主〟と呼ばれます

お通夜や法事の後に供される食事をお斎《とき》と言います。この場でお酒がでます。お酒が嫌いでない私は「人酒《ひとさけ》を飲み、酒酒《さけさけ》を飲み、酒人《さけひと》を飲む」の言葉の通りの〝バカ坊主〟になることもしばしばです。そのぶん参列者との会話はザックバランで、腹を割ったものになります。

ある時、飲んだ勢いで私がつつみ隠さず日常のだらしない体たらくを吐露すると、これまたかなり酩酊の隣の席のおやじさんが「まったく、住職はクソ坊主だな」とおっしゃいます。

周囲の素面《しらふ》の人たちは目を丸くしました。住職に向かってクソ坊主とは失礼千万だと思ったのです。私はそのおやじさんに言いました。

「お褒めいただいてありがとうございます」「住職、何言ってんだ。褒めてねぇよ」「いや、私はまったくクソ坊主」「そうだよ」「でも、このクソ坊主のクソは、ナニクソのクソ。へこたれないぞと頑張る坊主」「ははあ、なるほどね。そりゃクソ坊主だ」で、二人だけでなく周囲も巻き込んで「わははははは」と大笑いしたという顛末《てんまつ》。

クソ坊主だけでなく、私はよくお坊さん仲間に〝バカ坊主〟とも呼ばれます。自分の時間がほとんどないほど色々なことに手を出しているからです。見方によればバカですが、私にとって褒め言葉。「へへへ。どうも、バカですみません」と喜びます。関西ではアホになるでしょうか。

こうした開き直りは皆さんにも必要でしょう。バカでなければできないようなことはたくさんあるのです。

「バカでよかったよ。バカじゃなければできないものね」とニッコリ笑えばいいのです。普通ではできないことをしているのだという自覚を持てばいいのです。

私が気になるのは、何か失敗をして自分のことを「バカみたい」と照れ笑いする人のほうです。

〝みたい〟は、心の底では自分はバカではない、失敗などしないと思っているのです。しかし、失敗したのですから、堂々と自分のバカを認めればいいと思います。その点で失敗をして「わっ、やってしまった。私ってバカだなあ」とおっしゃる人に清々しさを感じるのです。

だれかに「あなた、バカじゃないの」と言われて気になるようなら、次はこう言ってはどうでしょう。「〝あなた〟の後に〝も〟を入れなさい」

○失敗したって、命まで取られるわけじゃない

この項は、人生の中で素敵なことを再確認していただくために書きます。

誕生は、どう考えても前向きな現象です。私たちはこの前向きな誕生という流れに身を任せて産道を通り、この世に呱々《ここ》の声を上げました。生まれてからは、見るもの、聞くもの、嗅ぐもの、味わうもの、触るものすべてが生まれて初めての経験。どんな物にも興味津々で、好奇心の塊でした。

寝たきりの状態から、ハイハイし、つかまり立ちして、歩き始めました。歩行は、前に倒れる勇気ある動作をくり返すことだそうです。幼稚園や小学校で初めての集団生活に挑戦。私たちは、いつも新しいことにチャレンジし続けてきたのです。

知らないことを教えてもらい、自分で調べて次々に知識を増やし、蓄えてきました。その膨大な情報は、いざという時に役立ちます。

仲間ができれば、色々な時に助けてもらえるだけでなく、自分も他人の役に立つことができます。仲間といれば楽しみは増え、悲しみは半減します。

仕事や家庭、財産やライフワークなどについて、子供のころから数えきれないほど

の夢を描いて生きてきました。

その夢に向かってどのような道を進むかは、決まっていません。まるで前途に誰も通った跡がない、大きな草原が広がっているようなものです。

毎年必ず、生まれて初めて○歳になります。今年見る景色は○歳になって初めて見る景色です。昨日の自分と今日の自分も違います。昨日経験したことや得た情報は、一昨日の自分にはなかったものです。ですから、心も変化しています。

新しい自分が毎日更新されていくのです。

読者の中には私のことを「あなたはどこまでポジティブなのだ」と思われる方がいるかもしれません。

たしかに私はいつでも心を前傾姿勢にしておきたいと思っています。そのほうが前から来るものに対処しやすいからです。

それでも小さなことでも気になり、へこむことがあります。

しかし、右で申し上げたことがわかってさえいれば、人生を楽しんでいけます。**失敗したって、命まで取られるわけではありません。**

好奇心とチャレンジ精神、蓄えた知識、友人、夢、いつでも初めての気持ちを忘れずに、目の前に広がる、まだ道のない人生という緑の草原へ踏み出しましょう。

〝自然体〟の人が、結局は一番強い

自然体は柔道の用語。攻撃と防御に一番適した姿勢のことです。この言葉が一般化されて、気構えず、先入観を持たない無我の境地を指すようになりました。しかし、精神的な自然体も、攻撃や防御に優れていることに変わりはありません。

仕事、恋愛、果ては人生そのものをしなやかに受けとめる極意は、必要以上に構えず、力まず、先入観を持たない自然体でいることでしょう。来るべきものがいつ来るかと身構え、力んでいればクタクタになってしまいます。

結果的に来なかったと気を緩めると、狙い澄ましたように予期しないものがやってきて、あわてることになります。自分の先入観が現実と異なれば、やはり対応ができません。

仕事の流れから、次はこの仕事をやるぞと身構えていたら、その担当は別の人に。気が抜けてもぬけの殻のようになったところへ、「これをやってくれ」と別の仕事が舞い込むなんてことはよくある話。デートの約束をして準備万端整えたところでドタキャン。それが何回か続いて落ち込んでいるところで、別の人から告白された経験をした方もいるでしょう。

だから自然体で振る舞える人が、結局は一番強いのです。どんなことにも臨機応変に対応できる人です。

では、どうすれば自然体になれるのでしょう。**気構え、力むのを解消するのに最も適した方法は、ほのかな明りの部屋で、心静かにする時間を持つこと**です。そうすると力が入っていた心が緩み自然体に近づきます。気が緩むのではなく、心が緩みます。

もう一つは、構えていても、予想通りのものが来るとは限らないことを知っておくことです。条件によってすべては変化していきます。想定を超えた条件が加われば、構えていた姿勢では対応できなくなりますから、最初から気構えても仕方がないとあきらめる勇気を持つのです。

先入観も同様に、自分の見方は現実の一つの側面しか見ていないことを、心静かに感じるのです。手を打ってもさまざまな反応があります。「手を打てば、鳥は飛び立つ、鯉《こい》は寄る、女中茶を持つ、猿沢の池」です。そんなことを日常の中で、たくさん感じる心のアンテナを張っておきましょう。

ちなみに、どんなことにも対応できるのが自然体の人。どんなことにも対応しないのがマイペースの人ではないかと思うのですが、いかがでしょう。

○「我慢」には二種類ある

あなたの部屋や職場に花は飾られていますか。鉢植えでも切り花でも、そこに花があると心がなごみます。私はお寺に住んでいるので、本堂へ行っても、お墓をひと回りしても、いつも供えられた花を目にすることができます。

インドでは、お客さまをもてなすのに、籠《かご》に花を盛って柱や壁にかけたそうです。それが仏教にとり入れられて、仏さまや亡き人への供養の品となりました。

花は人の目を楽しませようとか、なごませようとして咲いているわけではありません。ただ、咲いているのです。その花を人間はきれいだと思い、見えるところに飾って人をもてなします。花に対するこうした思いは世界共通でしょう。

最初は単にきれいなので、見えるところに飾っていた花は、仏教の中でさまざまな意味が付加されていきます。この花のようにきれいな姿と心でいよう、花を見て怒る人がいないように人に優しく接しよう、寒さや暑さを耐え忍んで花が咲くように私も我慢しよう——仏教ではこのように、人が生きる上での教訓を花に重ね合わせて、日々の修行の糧にします。

私の場合、法事のたびに「花は我慢する大切さを教えてくれます」と説明をしています。我慢には二種類あります。

一つは、やりたいことがあっても我慢してやってはいけない場合。

もう一つは、やりたくなくても我慢してやらなければならない場合。

子供のころ、理由もわからずに我慢を強いられてきた人は、我慢を自分の自由を押し潰す圧力のように感じ、そのまま大人になります。

そういう人にとって「我慢なんかしなくていい」という自己啓発系の言葉は魚心に水心、飛んで火に入る夏の虫。しかし、物ごとはそう簡単ではありません。

我慢にはもう一つとても大事な側面があるのです。それは目標がないと我慢できないということ。

逆に言えば、**目標があれば我慢を気にせず我慢できる**のです。

「目標達成のために我慢してやってはいけないこと、我慢してでもやらなければならないことがある」と納得した子供は、我慢にストレスを感じず、我慢できるようになります。

この項は、単に我慢を強いられ、相変わらず我慢することに強いストレスを感じて苦しんでいる、かつての私のような方へのエールです。

○「まあ、そんなもんですよ」の一言で楽になる

檀家さんや他の方々の相談をよく受ける私にとって、人の話を聞くのはとても大切なこと。「話ができただけで気が楽になりました」とおっしゃる方は大勢います。自分だけで抱えていた問題を、誰かと共有しえた安心感があるのです。

ところが、私はただ真剣に聞くだけという〝傾聴〟が苦手なのです（説教をするほうが好きなので、聞くことが苦手なのかもしれません）。

年配のご婦人が「ほら、うちの嫁の弟が銀行員でしょ」と当方が知らないことを、知っていること前提で話されると、もう訳がわかりません。思わず「？？？。多分それを聞くのは初めてだと思うのですが、どうして私が知ってると思うんですか」とツッコミたくなるのです。そんなツッコミをすれば、相手の「話したい・聞いてもらいたい」という衝動を削ぐことになります。

僧侶の立場でお聞きすることが多いので、私は相手が何を言いたいのか必死で探ります。

世間話だと判断すれば、テンポよく冗談を随所に交えて会話を楽しみます。

相談だとわかれば、状況をつぶさにお聞きして、わからない情報は尋ねます。そのようにして相手が何をどうしたいのかを話の中から探します。

それから、一般常識で答えればいいのか、仏教的な（世俗を離れた）真理で答えればいいのかを判断してお答えするのです。

愚痴だと判断すれば、聞き役に徹します。特に誰かの悪口っぽい愚痴は、〝片言極《へんげんきわ》め難《がた》し（片方の意見だけ聞いても善悪はわからない）〟ですから、余計なことを言わないように気をつけます。

Ａ・Ｂ・Ｃが知り合いで、Ａと喧嘩したＢがＣに愚痴を言ったとします。軽い気持ちでＣがＢに「本当にＡは困った人ですね」と同調すれば大変なことになります。ＡとＢが仲直りした時、Ｂが「Ｃがあなたのことを困った人だと言っていた」と伝えるのは目に見えています。そうなればＣは苦境に立たされます。

愚痴を言う人は、自分の愚痴が相談でないことはよく承知しています。

ですから、話を聞いた最後に「まあ、そんなもんですよ」と言うくらいでちょうどいいと思うのです。それで相手もサッパリします。

私は愚痴をこぼしたくなると**「これから愚痴をこぼすからね。最後まで聞いて『まあそんなもんですよ。気持ちはわかります』と言ってくれ」と頼むことにしています。**

○「一歩ひく」ことを覚えよう

自分と違った考え方をする人がいるのを初めて知るのは、私たちが子供のころでしょう。それを巧みに言い表した、大好きな名言が二つあります。

「父よ、言いたいことはハッキリ言え。母よ、言いたいことをそのまま言うな」

「長男よ、嫌なら嫌と言いなさい。次男よ、嫌でも少しは我慢してやりなさい」

家族の中でも、人はそれぞれ違った価値観を持っています。世間一般ではなおさらのこと、私たちが出合う価値観はじつに多種多様です。

自分と似た価値観、相反《あいはん》して共存できない価値観、知らなかった価値観、「ふーん」ですむものなど。十人十色だとわかっているものの、私はなかなかきれいに対応できませんでした。

中でも、自分の価値観と反するものとぶつかるのはやっかい。心おだやかでいられないこともしばしばです。価値観は自分が信じているという点で、信仰と同じと言ってても過言ではないでしょう。

私は僧侶ですから、いつでも心がおだやかでいるのがいいと信じています。

しかし、世の中には、短い人生だからそんな生ぬるい生き方は人間らしくないと信じて、勝ち負けの世界に生きる人もいます。面白い世界ばかりを求めるチャラ系の人もいます。

もし、この三人がそれぞれの価値観を持ちだせば、どこまでいっても平行線。「株などに手を出せば心おだやかではいられません」「株は安い時に買って高い時に売るのです。その予想が面白いのです」「株で儲けた人、俺にお金ちょうだい！」という具合。歩いて議論すれば、地球を何周しても埒《らち》があきません。

それがわかった時、私は自分より先に、相手の言っていることを理解しようとしました。

「ま、そういう考え方もあるよね」とまず相手への理解を示すのです。

自分の価値観を押し通すより、そのほうが、私の心がおだやかになるからです。

日本人は理解と同意を同じと考えがちです。「私の言っていることが理解できるなら、どうしてあなたはそのようにしないのか」と怒る人がいます。

しかし、理解と同意は違います。**私は同意するかは別として、理解できるという意味で「ま、そういう考え方もあるよね」と思い、相手に伝えることにしています。**

この方法で、日常の些細な価値観の相違に、ほとんど対処できています。

○口やかましい人は「ご親切にありがとう」と受け流す

「芝居や講演会などの会場で、大勢の観客が集中している時に隣の人に話しかける人は、何かにつけてお節介が過ぎる人である」――私が作ったこの命題は成りたつでしょうか。

たとえば芝居の中で役者が登場すると、隣の人の耳もとで「あの役者さん、昨日バラエティ番組に出てたよ」「あの女優さん、俳優の○○とつき合ってるんだって」などとささやく人。その間に、大事なセリフを聞き逃していることに気づきません。講演会では一つの話題が出ると「今の話は、うちの親戚でも同じことがあったんだ」「あの話、この間ラジオ番組に出た時にも言ってたよ」と隣の人に耳打ちせずにいられない人です。隣の人が舞台上の話を真剣に聞きたいことに気づきません。

このような人は、誰かと出かける時にも「昨日駅前でティッシュもらったから」と一つ分けてくれる人であり、「カバンの中にノド飴を入れておくと重宝するから」と何種類もの飴をくれる人のような気がします。レストランに入れば「これおいしいから食べてごらん」と自分の料理を半ば強引に分けてくれて、「このお料理のレシピを聞いておくから、後で教えてあげる」と頼んでもいないことをしそうな人です。

そういう方と接していて困るのは、後になって「私が言ってあげた」と別の人に吹聴する傾向があることです。自分がどれほど人に親切にしているかをアピールしたいのではないかとさえ思います。

私は「あなたの悪い噂は私がシャットアウトしてあげます」と言われて、目を丸くしたことがあります。私は手を横に振りながら「あははは。そんなこと頼んでない、頼んでない」と返しました。

これはいつも冗談を言っている私だから使えるセリフ。もし私が真面目な人間で「そんなことはしなくていいです」とキッパリ言えば、逆切れされて「せっかくシャットアウトしてあげると言っているのに、あの人は拒否した」と誰かに吹聴することになるでしょう。一つの救いは、周囲の人がそれを知っているということ。

他人のことに口出しをしたがる人との接し方は、「ご親切にありがとう」と言うのが大人の対応。

「そのご親切のお志はありがたいですが、お心底がおそろしい」と言ってしまうのは、本書の筆者である私の対応です。

蛇足ながら、お節介は一つの慈悲。それをコントロールする力を智恵と言います。

○いちいち「意味」を深く考えない

「一の中に多があり、多が一を構成しているのが私たちの世界。それはまるで華で荘厳されたような素晴らしい世界なのです」――こんなことを説いているのが『華厳《けごん》経』というお経。奈良東大寺の大仏さまはその世界観を表している仏さまです。

自分というちっぽけな存在の中に、大自然と同じ営みが脈々と流れています。筋肉の塊の心臓は十億回働くポンプ、肝臓はアルコールを分解し、肺は空気から酸素を取り入れ、血液は栄養を全身の組織に運んでいます。

脳は幾億という人類が、何万年もかかって蓄積してきた知識を蓄えています。この本一冊の中に、仏教の二千五百年の歴史が散りばめられています（言いすぎかな？）。

これが一の中に多があるということ。そして、たくさんの人間が集まって一つの社会ができて、無数の星々が集まって銀河を、その銀河が無数に集まって宇宙ができています。これが、多が一を構成しているということです。

そのありさまはどこにも嘘がなく、どこまでも真実なので、素晴らしいのです。このような見方ができたら、小さいことはほとんど気にしなくてすみそうですね。

この『華厳経』の中に「浄行《じょうぎょう》」という章があります。華厳世界を自分の中に体現するための修行方法が、百四十一項目の具体例で示されます。

「楊枝を使うときには、心も歯と同じように清らかにして、諸々の煩悩の汚れをなくそうと願う」「大河を見たら、仏の教えの流れにのって、仏の智恵の海に至ろうと願う」「橋を見たら、一切の衆生を心安らかな岸にわたす橋になろうと願う」「繁った葉を見たら、自分も強い陽差しから人々を守る木陰のような人になろうと願う」「まっすぐな道を見たら、この道のように心を正直にして、へつらいもせず、あざむかず、まっすぐに修行しようと願う」

この章を読んだ時、とても面白いと思いました。

私たちはさまざまなものに意味を見つけようとします。自分の仕事にはどんな意味があるのだろう、この困難な状況は私にとってどんな意味があるのか、私の人生にどんな意味があるのだろう……。

ところが、この浄行の章は**「あなたが直面していることに決まった意味はない。楊枝、大河、橋、繁った葉、まっすぐな道に意味を持たせるのは、あなた自身なのだ」**と言っている気がするのです。

心を磨くために、何にどのような意味づけをするか。それはあなたの自由です。

○「知らんもんは知らん」でいい

「上から目線」という言葉は二〇〇〇年を過ぎたころから使われ始め、二〇一〇年頃に流行し、さまざまな問題提起がされてきました。時あたかも、私が法話に力を入れて布教を展開した時期。当初「上から目線」は立場が下の者が、同等、もしくは目上の者に向かってえらそうに語るという意味で使われていた言葉でした。これが私のアンテナに引っかかりました。私がお話する相手の多くは私より年上だからです。

私は仏教の教えを日常の話題でお伝えしようと躍起です。しかし、結論は仏教で締めくくります。

「今お話ししたことは、どなたでも日常で経験していることだと思いますが、お経の中では二千年も前に、そんな時にはこう考え、こうしたらいいと書かれてあります」という具合です。一般の方と僧侶という私の立場が違うので、いくら相手がご年長の方々でも、〝上から目線〟には当たらないと思うことにしました。

ところが、二〇一三年になると、「上司の上から目線の言葉がえらそうで嫌だ」という若手社員の出現が話題になり、余計なトラブルを避けるために上司用のマニュアル本まで発売されるという始末。えらそうなのが上から目線なら、私の法話はすべて〝上から目線〟の説教と言えます。月に何十回も法話をしている私にとっては、この新たな展開は由々しき事態でした。で、どうすればいいのか考えました。

立場が上の人、年齢が上の人からの言葉は〝上から目線〟が当たり前です。それだけ経験を踏んでいるのですから、聞く価値は充分あります。

それさえ気になり、嫌だと思うのは、本人に劣等感があって、そこを刺激されてバカにされたような気がするからでしょう。私はバカにしている訳ではなく、純粋に仏教の教えを聞いてもらいたいので、自分の駄目な部分を包み隠さず挿入して話して、〝上から目線アレルギー〟をなるべく刺激しないように心がけています。

一方で、私自身はほとんど〝上から目線〟が気になりません。ご年長の話はもちろん、仮に年下の人が「これ、知ってますか?」とえらそうに言っても、知らなければ単純に「知らない」と答えます。

「何だ、知らないんですか」と言われても「だって、そんなこと知る義理もなければ恩もないしねぇ」と返します。さらに「だって有名ですよ」と食い下がられたら、**「私が知らないんだから、有名じゃないでしょ」とニッコリ笑います。**

〝上から目線〟に過剰反応してしまう人は、心を掘りさげるチャンスです。

○世の中は「正論通り」には進まない

日本の人口が初めて一億人を超えたと発表されたのは、昭和四十五（一九七〇）年の国勢調査の結果を受けてのことでした。以来、「一億総〇〇」と日本人全体を表す言葉が次々に誕生しました。

〝一億総評論家〟もその一つ。誰でも「これは、こういうものだ」と自論を正論のごとく公言するようになったのです。

〝評論〟を電子辞書版『大辞林』では「物事の善悪・価値などについて批評し、論じること。また、それを記した文章」と解説しています。そして、〝評論家〟には、二つの意味があります。一つは「評論を職業とする人」。二つ目が愉快で、「自らは手を下さず、意見や批評を述べるだけの人を皮肉めかしていう語」だというのです。

面白いついでに、ビアスの『悪魔の辞典』（西川正身編訳　岩波文庫）では、〝批評家〟【critic】「自分の機嫌を取ろうとしてくれる者が一人もいないところから、俺は気むずかしい男だ、と自負しているやから」と一刀両断の解説。

私たちが時々遭遇する正論をふりかざす人。そんな人をうさんくさく思うのは、

『大辞林』『悪魔の辞典』で解説している雰囲気を私たちが肌で感じるからでしょう。

世の中は正論通りに進むものではありません。政治も経済も人の心も「そうあるべき」通りにならない複雑さ、曖昧さ、脆弱さを持っています。

口角から泡を飛ばして自論をふりかざす姿は、オーケストラの指揮者が、演奏者が誰もいないステージで観客席に向かって立ち、必死に指揮をしている様子を彷彿《ほうふつ》させます。「あなたが相手にしなくてはいけないのは、オーケストラですよ。でも、あなたの指揮は現実的でないから、誰も演奏してくれないようです」と言ってあげたくなります。

もちろん、いくら本人がうさんくさくても、本人の人格と話の内容は別です。**正論と思われる話には、耳を傾ける柔軟性は持っていたいもの。**気になるうさんくささは、自分がそうならないための反面教師として学べばいいでしょう。

複雑で、曖昧で、脆弱な現実の問題を、仏教で割りたいので、本書を書くのに、私は仏教評論家にならないように、個人的な例をできるだけ織りまぜています。専門家からは「あなたの書いている仏教は、仏教ではない」と評論されることは覚悟の上です。しかし、私は、自分でやることもできず、やる気もないことを申し上げるほど割りきってもいないし、不幸でもありません。

2章

それは、あなたの「考えすぎ」

○人生に〝勝ち負け〟はない

私たちの日常は、朝から〝どんジャンケン〟という子供の遊びをしているようなものだと思います。

この遊びは二チームに分かれて、一つの線上を両端から一名が走りだして、途中でぶつかったらジャンケンをします。負けた人は相手に進路をゆずります。負けたチームは自分たちのスタートラインに相手が到達しないように、次の走者が線上を走りだし、再び相手とぶつかってジャンケンをします。双方がぶつかった時の掛け声「どーん、ジャンケンポン」が、このゲームの名前。線は曲線のほうが面白く、平均台をいくつも使って、落ちた時にもジャンケンで負けたのと同じルールを適応するとさらに面白さが増します。足の遅い私でも、充分に楽しめる遊びでした。

誰かと暮らしていれば、朝食のメニューで〝どんジャンケン〟です。ご飯がいい人、パンがいい人。この争いを避けるために別々のメニューにする人もいるでしょう。テレビのチャンネル争いも〝どんジャンケン〟。これも一人一台のテレビで余計な衝突を避ける人がいるかもしれませんね。人が二人以上いればそれぞれにご都合がありますから、いつだって〝どんジャンケン〟です。

多量の切手を貼る時でも、人によってさまざまなやり方があります。これもご都合の一種ですから、自分と違う貼り方をしていれば「何でそんな時間のかかる貼り方をしているんだ」と怒りだす人もいます。

行列に割り込む人も自分のご都合を優先させている人。逆に割り込みをしようとする車に対して、車間を詰めて割り込みさせない人も自分の都合を優先している人。〝どんジャンケン〟にたとえれば、負けたくないと思っている人です。

しかし、人生は勝ち負けのあるゲームではありません。

どんと当たる前に、相手に道をゆずるくらいの大きな心は持っていたいものです。

自分の都合と相手の都合がぶつかっていることに気づかずに、自分の都合を押し通そうとすれば、待っているのは勝った、負けたです。

勝てば得意になり、負ければ悔しさが残ります。しかし、**自分から先に道をゆずって相手のご都合をかなえれば、こちらの気持ちはずっと楽です。**

最近「お先にどうぞ」って言いましたか、言われたことありますか。

言う人が多くなれば、「お先にどうぞ」とゆずられる人も多くなります。

まずは、あなたから「お先にどうぞ」と言ってみませんか？

○「褒められたい」なんて、なぜ思う？

人には〔愛されたい・認められたい・役に立ちたい・褒められたい〕の四つの願いがあるそうです。四つとも「～されたい」という他人からの評価なのが気になりますが、社会的に孤立して生きることができないのが人間ですから、無理もありません。

〝愛されたい〟は、自分に注意を向けて欲しいと願うこと。子供が親に求めるのはこれです。「あなたはいなくてもいいけど、いたんだぁ」なんて言われれば誰だってへこみます。

だから私たちは人に注意を向けようとします。日常生活では、挨拶がこれにあたります。挨拶されるほうにとっては、自分に注意が向いていることを瞬時に感じられる〝愛されたい〟充足ツールです。

〝認められたい〟は、自分のことを認めてもらうことです。悲しみの中にある人に「悲しいですね」と共感するのもこれに当たります。鬱《うつ》の人は、自分なんか幸せになってはいけないと思っている場合があります。そんな時「幸せになっていいんですよ」と、その人の心の底に沈んでいる〝幸せになりたい〟気持ちを掬《すく》ってあげられたらいいですね。

〝役に立ちたい〟は、誰かのために役に立てること。昭和の時代まで言われていた「人の役に立つ人間になれ」という教条的な意味合いは薄れつつあります。しかし、ちっぽけな自分のためだけに生きるより、人の役に立つことは自分の価値を大きくしてくれる力があります。引きこもりの人たちが、ボランティア活動をきっかけに社会復帰するようになるのは、こうした〝お役立ちパワー〟が働いているからでしょう。

そして、〝褒められたい〟ですが、実はこれがやっかい。注意が向いている・認められる・役に立つ以上に、他人からの好評価を期待しているのが〝褒められたい〟という欲望です。言い換えれば、〝褒められたい〟は、〝愛され〟〝認められ〟〝役に立つ〟の三つを満たした上の、贅沢な要求のような気がするのです。

褒められるためには、褒められるに値することをしなければなりません。

そのため人に媚び、へつらい、嘘さえつくようになる可能性があります。注意を向けてもらいたいだけなら、幼稚と若さを勘違いしている人がやるように、変わったことをすればいいのですが、〝やったことに気づいて！　認めて！　役に立ったと褒めて！〟を求めると、自分でも無理をし、他の人にも無理を強いることになります。

〝褒められたい〟欲はほどほどに。そのほうが、心おだやかに生きていけます。

○「私をわかってほしい」が、心の器を小さくする

自分は何をどうしたいのか、どうしてそうしたいのかなど、自身の内面を意識し、分析する習慣がない人にとって、他人の思いを理解し、共感するのは難しいでしょう。

その点で、私が大学で受けた心理学の先生が言った「人の心を知りたいと思う人は心理学の授業ではなく、小説をたくさん読みなさい。小説には人の心の機微が見事に描かれています。心理学を学ぶよりずっと人の心を理解できるようになります」という言葉に、今でも異論はありません。

「どうして親は私のことをわかってくれないのか」とイライラしている思春期の子供たち。一方の親は、心身ともに不安定な年頃の子供とどう接したらいいのかわからずに右往左往しています。

その親の気持ちを察する子供がどれほどいるでしょう。そして、相手がどう思っているか察する訓練をしないまま、大人になってしまう人がいます。自分の思いだけを相手に押しつけて、相手のことなどお構いなしの人です。

私の好きな言葉に次のようなものがあります。

「『私は意外と神経質なんです』と言う人に限って無神経な人が多いのはなぜだろう」

最後の「なぜだろう」がいいですね。無神経な人を否定せずに、その人への対応に困惑しつつも、何とか受けいれてあげたいという、あたたかくおおらかな気持ちが感じられます。

病的な神経症なら、周囲の人にあらかじめ理解しておいてもらったほうがいいでしょう。しかし、自分が神経質であることを他人にわかってもらい、その上で気をつかってほしいと、言外で遠慮なく相手に押しつけるのは、一般には神経質ではなく無神経のレッテルが貼られることになります。

自分のことを理解してもらいたいと思うのは人の常《つね》。四面楚歌でも、理解者が一人いてくれるだけで幾万の援軍を得たように心強いものです。その援軍を得ようと躍起になればなるほど、心が小さくなっていきます。

それよりも、自分が誰かの心の応援団になろうとするほうが、ずっと心が大きくなるし、おだやかでいられます。

人に好かれる一番の近道は、まず自分がみんなを好きになってしまうことです。

同様に、自分のことをわかってもらうための最善の方法は、自分が誰かのよき理解者になろうとすることです。まずは、小説をたくさん読んでみませんか。

○幸せとは、「あるもの」ではなく「認めるもの」

自分のことはわからぬもの。昨日楽しんでいたことが今日は悲しみに変わり、朝《あした》に喜んだことを夕べに悔しがります。去年笑ったことを今年は袖を濡らして泣いているといったありさま。何をしたいのか、何をすればいいのか、どうしたらいいのか、どうすべきなのか、あっちへぶつかり、こっちへつまずき、いったい私はナニモノだと、自分探しの人生です。

それもこれも、さまざまな煩悩がなせるわざというのが仏教の分析。気分がウキウキして周りが見えなくなる。落ち込んで「どうせ」とつぶやいて周囲の情報をシャットアウト。易きに走り、怠けて忙しく働いている人を見て「何をそんなにアクセクしているのだ」と開き直り、他人だけでなく自分のことさえ恨み、自分を誤魔化して心にトゲを生やす。他人を攻撃し、嫉妬して己を忘れ、物惜しみして物欲の鬼となり、人をたぶらかし、へつらい、自惚《うぬぼ》れて自己嫌悪に陥ります。――こうした状態を仏教では無明《むみょう》の中にいると言います。自分の足下さえ見えない状態です。

ところが、自分で自分のことはわからないのに、周囲から見れば何をしているのか、どんな状態なのか一目瞭然のこともあります。岡目《おかめ》八目《はちもく》です。縁台将棋で勝負している二人よりも、傍にいる人のほうが全体を見通せるので八手先までわかります。そんなやり方をしたら負けてしまうとわかれば、一手進むごとに傍目《はため》連中からため息が聞こえます。

これと同じことが私たちの人生でも起きます。傍から見れば幸せなのに、本人はそう思っていない、気づいていない時に「何だかんだ言っても、あなたはけっこう幸せですよ」と言われる時です。

そのひと言で、そう言われれば私は幸せかもしれないと気づくことがあります。別の視点から見てくれている人のおかげです。

しかし、これが大きなお世話のことも。そんな時は「何も知らないくせに、勝手なことを言うな」と怒りたくなります。怒っても自分は幸せにならないのですから、「ありがとう」とサラリと流すに限ると思うのですが、つい言いたくなります。

岡目八目の意見で自分が幸せと気づくのも、自分自身で幸せだと思うのも、結果的に自分が決めることです。

自分が何のために、何をしているのか、何が問題なのかがわかっていれば、とりあえず無明ではありません。そのままでＯＫです。

○裏切りなんて〝当たり前〟のようにある

いったいどういう理由なのでしょう。「自分が信頼している人は決して自分を裏切らない」と頑《かたく》なに思っている人がいます。

自分のことを間違っても裏切らないような、信頼できる人が欲しくて仕方がないのかもしれません。信頼に足る人がきっといるはずだと、大きなロマンを夢見る人なのかもしれません。

私などは、親の期待や信頼を裏切り、任せてもらった仕事をうまくできないなど、多くの裏切りをしながら人生を渡ってきました。それは同時に、自分でやろうとしたことができないという点で、自分で自分を裏切ることにもなります。人の信頼に応えられないのは申し訳ないと思いつつ、「信頼に応えられる人は私のほかにいくらでもいるのだから、今回はごめんなさい」と心の中でも頭を下げます。

このように、私自身が不本意であろうと、故意であろうと、知らないうちであろうと人を裏切っているのですから、私が裏切られることがあるのも当たり前です。この〝当たり前〟と思うことは、心おだやかに生きていく上で、とても大切なキーワードです。私たちは当たり前だと思っていることで傷ついたり、落ち込んだりしないでいられるのです。

話をもとに戻します。夫婦になる二人は赤い糸で結ばれているなど、人とのつながりを糸で表現することがよくあります。うまい表現だと思います。

つながりは、細い繊維のごとき縁が縒《よ》り合ったようなもの。ほつれもするし、切れもする、心細いことこの上ありません。

この糸をより太く、丈夫にして切れないようにするには、常に縁を加え続ける必要があります。何もしなければ、時の経過とともに糸は劣化していきます。

夫婦間のつながりを強くしていくために子供は一つの新しい縁です。〝子は鎹《かすがい》〟と言われるゆえんです。子供がいなくても、同じ時間、同じ空間を共有する夫婦旅も強い縁になります。それでも、ハサミの刃のような縁が加われば、糸は切れます。つまり、裏切り裏切られます。

こうしたことは夫婦だけに留まりません。親子でも、親友でも、もはや死語になりつつあるソウルメイトでも同じこと。

自分からはなるべく人を裏切らないようにしたいと思い、同時に、人は何か縁が加われば裏切ることもあると覚悟すれば、あなたは今よりずっと強くなれます。

○「比べて喜ぶと人を傷つける、比べて悲しむと自分を失う」

仏教では、自他を比較することに重きを置きません。比べることで変化してしまうような価値は、心がおだやかになるためには百害あって一利なしだからです。

にもかかわらず、私は、人と接する時その人を計っていることがあります。

特に〝何かに秀でている〟と事前情報があると「どうれ、秤《はかり》じゃないが、ひとつ計ってみようか」と気合充分に構えることもあります。嫌な性格です。

そして、〝聞きしに勝る大した人だ〟と感心したり、〝なんだ噂だけ一人歩きしてる〟と相手に関心をなくしたり……。

そんなことが年に二、三回あるのですから〝マダマダ坊主〟です。

ところが世の中には私と似た人はいるものです。自分と人とを天秤にかけ、自分が重ければ安心するだけでなく相手をバカにし、相手が重ければ媚びへつらうような空《うつ》け者。私の場合、相手を反面教師だと思うようにしています。まるで鏡を見ているようだ、こんな人にはなりたくないと自分を戒めます。

そんな時、目にした名言が**「比べて喜ぶと人を傷つける。比べて悲しむと自分を失**

う」でした。喜んでいる人が自分と比べているのがわかったら、心おだやかではいられません。バカにしているのかと怒りたくなります。これが人を傷つけるということです。また、誰かと比べて悲しんでいる場合、その悲しみは〝自分の悲しみ〟として独立したものではないので、自分を失っている状態です。

私は人と比べて悲しむことはあまりないのですが、比べて喜ぶ傾向があります。「あんなことをする○○さんより、自分はまだいいほうだ」です。やはり相手を傷つける思考です。加えて自分の心も驕《おご》りに満ち、結果的に自分を傷つけるでしょう。

そこで、比較の対象である〝○○さん〟を削除して考えるようにしました。

〝人〟を対象にするのではなく、〝行為〟だけを自分の心の錆《さび》止め、防腐剤として利用するようにしたのです。「あの人に比べれば」ではなく、「あんなことをしないだけ、私はまだいいほうだ」と考えることで、人を傷つけることはずっと少なくなり、驕りもいつか消えていきます。

あなたを心おだやかにしてくれる反面教師が、あなたの周囲にもたくさんいます。

〝人〟を軽蔑するのでなく、その人が〝やっていること〟をしない自分、その人の〝よこしまな考え〟をしない自分にＯＫを出せばいいのです。

それが、「人の振り見て、我が振り直せ」ということです。

○手柄なんて、人にくれてやれ

自己評価が高い人は、他からの評価がほとんど気になりません。「人が自分のことを何と言おうと気にしません」などと、公言することもありません（気になっている人がそう言うのです）。

そのために、自己中心・自惚れ屋と揶揄《やゆ》されることがありますが、本人はいたって平気の平左、人の言うことなどどこ吹く風といった具合。

仏教では高い自己評価はとても大切な考え方です。いわゆるI am OK.を出せるか否かは、人生をおだやかに過ごせるかどうかに関わる問題です。

そのために、まず自分がここにいること、自己存在を肯定することが求められます。仕事や人との関わりでなされる自己評価など、二の次、三の次です。

私たちは自分の意志とは関わりなくこの世に生まれました。小さな心で毎日右往左往している自分のご都合と関係なく授かった命。それが〝ご都合以前の命〟です。

体を構成する肉、骨、内臓はもちろんのこと、髪や爪にいたるまで自分の努力で造ったものはなく、すべて天地自然の贈り物です。つまり、嘘のない自然が堂々と与えてくれたもので、この体にも偽りがありません。

仏教では、嘘がないものは素晴らしいと考えるので、自分の存在そのものにＯＫが出ます。この土台なくして、どんなに高い自己評価を積み上げても、はなはだ心細いものになるでしょう。身近な土のある場所で草や虫をよく見ると、そこには無駄なものは何一つありません。**私たちも同じように、大自然から認められた〝生まれていい命〟〝生きていい命〟なのです。**

天地自然が大肯定した自己存在を土台にして、娑婆《しゃば》世界（娑婆は梵語のサハーの音写で耐え忍ぶところの意）で第二、第三の自己肯定感が欲しくなります。

その一つに、自分がやったことの成果、俗にいう手柄があります。ドラマなどでは、手柄を横取りされた人物が悔しい思いをする場面がありますが、私は手柄を横取りされたり、横取りした経験がありません（単に気づいていないだけかもしれませんが）。仮に横取りされたとしても、大して悔しくないでしょう。自分でやって成果が出たならそれで満足です。それが人の成果として公になっても、誰かのお役に立てるなら、あるいは成果を出すのに一役買えるなら、それでいいと思います。

手柄なんぞは、人にくれてやるくらいの大きな心でいましょう。何と言っても、私たちはもともと大肯定されて生まれ、そして今を生きているのですから。

○「してあげたい」と思うのは、とてもすばらしい

私がまだ二十代のころ、お寺に来た七十代のご婦人がこんな話をしてくれました。「住職さん、うちの嫁は年に何回も海外旅行に行くんです。その間、私は留守番で、家族の洗濯は全部私がやるんです。でも嫁は、私が元気だから安心して旅行に行けますってお礼を言うんです。で、私、洗濯物を干しながら考えました。洗濯させられている、してやっているなんて思うより、洗濯させてもらっていると考えれば、ずっと気が楽になるって」

こうして私は「させてもらう」という言葉は謙虚でいいと思うようになりました。そして、人のために何かをしてやる、してあげるというのは、傲慢な心の表れだと感じるようになりました。

「してあげる」は、人の役に立てる自信の表れでもありますが、ある意味で傲慢な気持ちが含まれているので、できれば謙虚な気持ちを表す「させてもらう」を使うべきだと思うようになったのです。

つまり、私は「させてもらう」を選び、「してあげる」を悪しき心のあり方だとし

て、遠ざけることになりました。実際、さまざまなボランティア活動では「してあげる」という思いが、助けられる側との間に摩擦を生むことがよくあります。「してあげる、してあげたいなんて、押しつけがましい。善意の押し売りは不要だから、帰ってくれ」と援助を断る人もいるそうです。そんな話を聞くにつけ、やはり「してあげる」という思いはよからぬ結果を招くことになると思ったのです。

ところがここに落とし穴がありました。「してあげる」は、基本的に相手のことを思えばこその言葉です。相手のことを思う気持ちは大切です。

それにもかかわらず、私は「してあげる」は傲慢だからと、人のために何かすることをしなくなった気がするのです。

漢字の〝偽〟の成り立ちは、本来は「本当は自分の為なのに、人の為と言い訳して偽善を働くこと」ではありませんが、私はいつの間にか人の為に何かしてあげるのは偽善的行為ではないかと考えるようになったのです。

しかし、相手のことを思って何かしてあげるのは、何もしないより明らかに素敵なことです。偽善的だから、傲慢だからと遠ざけていれば、理屈ばかりでものごとを考えて、結果的に何もしない人になってしまいます。

誰かのために、何かをしてあげたいと思うのは、とても素敵ですよ。

○世間の人のほとんどは味方でもないし、敵でもない

「バカは承知でなったヤクザ稼業ですけどね、四年前に刑務所から出てきて女房と結婚したのを機に足を洗いましたよ」とお寺の玄関でおっしゃったのは、五十代の男性。最近、あまりいいことないからお祓いしてくださいとやってきた方でした。

「堅気《かたぎ》の人にずいぶん迷惑をかけたから、その罰でも当たったんでしょう」とニヤリとする顔には、やはり昔のなごりのニヒルさが漂っています。

「で、どうです。ヤクザから足を洗った気分は」と聞くと「そりゃ、楽になりましたよ。住職さんね、ヤクザになんかなるもんじゃないですよ」「いや、今さらヤクザにはなりませんよ。すでに仏の道を極めるという意味で極道ですからね」「あはは。そりゃそうだ」と今度は屈託のない明るい笑顔。

「足を洗う前は、とにかく毎日ピリピリしっぱなしです。寝てる間だって心おだやかじゃいられません。あんな生活はもうごめんです。いつ敵対する組と抗争になるか、自分の縄張りを守るのに、いつだって神経をとがらせていなくちゃなりません」

「神経がとがっている人には、だれも近づきたくないですものね」

「まったくです。近寄ってくれたのはこいつくらいです」と奥さんを肩で押しました。「今日はありがとうございました。ごめんください」と言う彼に、「はい、また縁と命があったらお目にかかりますと言えばヤクザの挨拶。ですから、また何か気になったらおいでなさい」と手を振って見送りました。

自分に反論する人、あるいは自分を無視し、邪魔する人を警戒し、敵意をむき出しにする人はいるものです。そういう人は他人を味方以外はすべて敵と思いたくなるほど、つらい少年期を過ごしてきたのだろうと思います。

その人にとって、世間はいつも神経をピリピリさせておかなければならない戦場のようなものなのかもしれません。心の底から笑うことなどできないでしょう。しかし、**世間の人のほとんどは、味方ではないかもしれませんが、敵でもありません。**

仏教では〝笑いの効用〟についてあまり説きませんが、自ら敵を作ってしまう人に出会うと、心の底から大笑いできる場を増やせばいいのにと思います。

そのために、私がお勧めするのは、戦場に最も似合わない笑いの場。寄席に通うのもいいでしょう。落語のCDを聴くもよし、質のよいお笑い番組を観るのもいいと思います。

笑いはピリピリした心を徐々にほぐしてくれます。

○「人は人、自分は自分」という考えの落とし穴

国別ジョークに、洋上の船から乗客を海に飛び込ませるひと言があります。アメリカ人には「ヒーローになれます」。ドイツ人には「法律で決まっています」。イタリア人には「女性にモテます」。そして日本人には「皆さん飛び込んでいますよ」だそうです。

日本人が他の人との協調性を大切にするのは、ムラという狭い共同体で仲よく暮らす智恵だとか。

確かに人と違ったことをすれば目立ちます。そして、出る杭は打たれます。生意気だ、目立ちたがり屋だ、スタンドプレーヤーだとささやかれることになります。そのために、やりたいこともできず、個性を開花させられず、自己実現が否定されて悔しい思いをしてきた人が大勢います。

その反動でしょう。西洋諸国のように個性を重視、尊重する世の中になってきました。

一方、子育て中の親が子供に自立をうながす言葉が「人は人、自分は自分でしょ」。昭和三十三年生まれの私も（つまり戦後十三年しかたっていない時）、小学生の時に

やりたいことを母に止められて「だって、みんなやってるよ」と反発した時に、母に「人は人でしょ」と言われた覚えがあります。ところが、私はこの言葉を他に付和雷同するなと受けとらず「人のことは関係なく、自分のやりたいことをやっていい」と解釈しました。

この解釈に、戦前生まれの母は「人に迷惑をかけなければね」と加えました。そこで私は「人に迷惑をかけなければ、何をしてもいいのだ」と自分に都合のいい理屈を打ちたてたのです。おかげで、私は自分のことしか考えない少年になり、他の人に対してあまり関心を持たない青春時代を過ごすことになりました。

実は、人に迷惑をかけないで生きることは不可能です。なぜなら迷惑かどうか判断するのは私ではなく、相手だからです。相手が迷惑だと思えば、迷惑をかけていることになるのです。おそろしい話ですが、真実です（母がそこまで考えていたかどうかは定かではありません）。

人は人、自分は自分という考え方は、個性を発揮し、自立するための核になるものです。

しかし、**他人に無関心でいいということではありません**。他と協調なんかしなくていいと言っているのではないのです。そこを間違えちゃいけません。

○「手に入らないことを楽しむ」という方法もある

物質的に何かを欲しいと願い、精神的な何かを求める、つまり足りないと思って欲《ほっ》し、望むのが〝欲望〟という言葉。日本語ではあまり響きのいい言葉ではありませんが、ないものを欲しがるのは人の本性のようなもので、善悪の問題ではないでしょう。

問題なのは、あるのにないと思って欲しがる時。

そんな時、仏教では、〝あなた、もう全部持ってるでしょうに〟と諭します。

物を欲しがっている人は物が手に入れば安心したり、喜んだりします。この安心と喜びは物がなくても叶えることができます。なくてもOKだと安心することができます。私は本堂に音響設備が欲しいのですが、持ち運びできる簡易システムがあるので、「まっ、なくてもいいか」と心を落ちつけています。

あるいは、何かを手に入れることが目的の人は、まだ持っていない、いつか手に入れられるかもしれないという楽しみや喜びもあります。

「いつか白馬に乗った王子さまが、私を迎えにきてくれる」とそわそわ、ウキウキしていられるのも、まだ実現していないからです。宝くじを買った後の抽選日までの気持ちです。未体験のことも同じで、考えようによってはワクワク感満載です。私はまだ死んだことはないのですが、死ぬ時は、「生まれて初めて死ぬのだな」と、楽しみにしようと思うくらいです。

申し上げたいのは、欲望はコントロールしないとつらい日々が待っているということ。欲望を野放しにしてしまえば、イライラばかりがつのり、他と衝突することも多くなります。

仏教的なコントロールの一つの方法、〝欲を小さくして足ることを知る〟については一一四頁で扱いますので参考にしてください。

欲望とニュアンスが似た言葉に仏教語の〝煩悩《ぼんのう》〟があります。煩悩は、心がおだやかになるのを阻害する心のあり方のこと。ですから、同じ欲望でも、心を煩《わずら》わせ悩ませるようなら文字通り煩悩です。たとえば盗んでまで物を手に入れようとする心のあり方は、心おだやかな状態ではないので、欲望を超えた煩悩です。

私はあれが欲しい、これが欲しいと思った時は「この心情は、心を乱す煩悩だろうか、それとも単なる欲望だろうか」と疑います。

「今のところ煩悩ではなさそうだ」と判断すれば、笑顔で手に入れるなり、手に入らないことを楽しもうと思っています。

○余裕がある時は、人に手を貸そう

昔々のインドのお話です。幼い兄弟のお母さんが亡くなり、お父さんは再婚しました。ところがこの人、とても母とは呼べないワガママで意地悪な人。夫の愛を一心に受けたかったためか定かではありませんが、ある日、兄弟を絶海の孤島に連れていき、そこに置き去りにして自分だけ帰ってきてしまいます。食べる物とて何もなく、幼い二人は亡くなります。息絶えなんとする時、二人は思います。

「こんなひどい目にあうのは、僕たちだけでもう終わりにしたい。生まれ変わったら人々に優しさを説いて、誰もこんな目にあわないように、もしつらい目にあいそうな人がいたら助ける人になろう」

生まれ変わった兄弟は、亡くなる直前に誓った通りの生き方をしました。人々は兄を観世音《かんぜおん》菩薩、弟を勢至《せいし》菩薩と呼んで手を合わせました。

右の話は観世音、勢至命名の由来とともに、自分が嫌な目にあったら、それを他の人にもさせてはいけない、そのために具体的に動きなさいと説いています。

考えてみれば、仏教の祖、お釈迦さまの生涯も同じでした。ご都合通りにならないことをご都合通りにしようとすることで私たちの苦しみが生まれます。このご都合通りにしようとする心を何とかしない限り、苦しみのないおだやかな生き方はできません。

お釈迦さまはそのために修行し、瞑想して三十五歳で菩提樹の下で悟りを開き、心がおだやかになりました。

ご自身は心おだやかな境地に入れましたが、気づけば、世の中にはまだ自分のご都合から生まれる苦しみに翻弄されている人たちがたくさんいます。

その人たちを放っておくことはできないと、木蔭から出て布教の旅に出発したので自分だけいい思いをすればそれでよしとしてはいけないことに気づかれたのです。

私たちは、嫌な目にあうと「もうあの人とは会わない」「あんな場所へは二度と行かない」と、自分がそこから遠ざかり、関係性を断って保身をはかります。いわば自己完結してしまうのです。

仏教は、自己完結なんてちっぽけな世界に留まるより、自分が苦しみから救われた方法を、人々に広げていったほうが心がおだやかになれると説くのです。

観世音菩薩も勢至菩薩もお釈迦さまも、自ら達した時点から後の人生を人々のために使いました。あなたも余裕ができたら、人に手を貸してあげてみてください。

○「忙しい」のは、みんな一緒

自分が忙しくて心も体も一杯になって愚痴をこぼしたくなったら、四人～八人くらい人がいる場所で「最近すごく忙しくて」と言ってごらんなさい。経験上、一つの話題でまとまれる最大人数が八人なので、面白いことが起きます。


「どうですか、ここのところ、忙しいですか」

「もう、最近忙しくて、忙しくて」

「そんなふうに見えないけど、何をしてて、そんなに忙しいの？」

「これやって、あれやって、あっちもやらなきゃならないし、こっちもどうにかしなきゃならないし。時間が足りないし、体が二つ欲しいくらい」

「私も」「あたしも」「僕も」「俺も」「わしも」「自分も」「小生も」と残る七人が言います。


それぞれの忙しい状況を具体的に聞いてみれば、なるほどやっている内容は、仕事、家事、育児、ボランティア、趣味などと違うけれど、それぞれに忙しいのは事実。

たまに「暇で仕方がない、忙しいのがうらやましい」と言う人がいれば、「代わってあげたい」「代わってほしい」と、互いに〝見果てぬ夢〟の妙なエールの交換がされる始末。

そこで出される結論は、おおむね「みんな忙しいんですね」の統一見解。ここで負けじと「それでも私のほうが忙しい」と食い下がれば、「さっきは言わなかったけど、私はこういうこともやっている」「俺も」「私も」と意見交換は振り出しに逆戻り。

どうです。よくある話でしょ。経験上、「忙しい」自慢（？）は、ほぼこのような流れになります。**忙しいのは、何もあなただけではない**ということです。

私は「忙しくて」と愚痴を言いたくなったら、次の和歌を思いだすようにしています。

〝見ればただ　何の苦もなき　水鳥の　足に暇なき　我が思いかな〟（外から見れば水鳥は苦もなく水面を移動しているように見えるけれど、水中では忙しく足を動かしている。私もそれと同じで暇そうに見えるけれど、実際は大変なのだ）

この「我が思い」を「人の思い」に置き換えてみるのです。そうすると、人の忙しさを察するゆとりが生まれてきます。

こんなことができるようになったのも、右の会話を懲りもせず何百回もやってきたおかげ。無駄な議論などないのですねぇ。

○「よい行ない」は、人知れずやる

「もし善根《ぜんごん》をなせば有相《うそう》に住《じゅう》す」は、ふとしたミスからフリーズドライ豆腐の高野豆腐を作ったと言われる興教大師《こうぎょうだいし》・覚鑁《かくばん》（一〇九五ー一一四四）が残したお坊さんたちが読む懺悔《さんげ》文の一節。有相は目に見えるありさまや姿形のことです。

意味は「仮に善いことをして悟りへの種を植えると、それを得意がり、人に言いふらして自慢するではないか」。

私は本を書き始めてから、年に何回か「本を書いて印税がたくさんもらえるでしょう」と言われるようになりました。お金の欲を捨てなさいと言っている僧侶自身が印税を稼ぐ図は、一般の方にしてみれば興味が湧くでしょう。

当初は相手の言い方に悪意が含まれていると感じた時だけ「印税はカンボジアの村の自立支援のため、震災の復興支援のために使ってますよ」とむきになって反論していました。しかし、印税をうらやましいと思う人は多いだろうと気になりだしました。

そこで、執筆した本の話になると聞かれもしないのに「でもですね、もらった印税は……」と言い訳じみた補足をしていました。

ある時、僧侶でない友人から、「あなたの印税の使い道はとても素晴らしいのだから、わざわざ言わないほうがいいよ。自慢話に思われるから」と注意を受けました。この時、思いだした言葉が「もし善根をなせば有相に住す」でした。有相の反対語は無相《むそう》。あらわに見えないことです。

仏教では有相よりも無相のほうが大切だと説きます。僧侶が一生懸命修行している有相の姿は、それはそれで清々しいものです。しかし、日常の普通の生活の中に修行があり、修行の成果が無意識のうちに体現されなければ本物ではないと考えます。「私はこんなことをしています」と自慢げに言いたくなるうちは、まだまだなのです。

人の役に立つのはとても素晴らしいことです。よい行ないをして自分の心が晴れ晴れとすれば、人に知られなくてもいいでしょう。

〝天知る、地知る、我知る、人知る〟は、悪いことは必ず発覚するという意味のことわざですが、よい行ないの場合でも〝人知る〟を除いた〝天知る、地知る、我知る〟で通用するでしょう。世間に知られないよい行ないを陰徳《いんとく》と言います。日本では粋に通じる考え方です。

「お前さん、聞けばいいことしたんだってねぇ」「えっ？　そんなこたぁ、やってねえ。きっと人違いだ」と知らばっくれる下町の坊さんに、いつかなりたいものです。

物を捨てる前に〝執着心〟を捨てる

まだまだ消費大国の日本。食料自給率が低いのに日本全体では一日に四食分の食事を作り、一食分を捨てているとか……。

そんな中、環境分野で初のノーベル賞を受賞したケニア出身のワンガリ・マータイさんが日本の「もったいない」を世界に発信しました。Reduce（ゴミ削減）、Reuse（再利用）、Recycle（再資源化）に、資源に対するRespect（敬意）の4Rを込めた言葉だそうです。

これを聞いて一番ショックを受けたのは、当の日本人だったでしょう。

このもったいない精神に基づいているのかいないのかわかりませんが、日本では〝片づけられない症候群〟〝捨てられない症候群〟の人が多いそうです。

紐、リボン、包装紙は言うに及ばず、いつ使うかわからない品々で部屋の中はあふれ、四角い部屋を丸く掃除するどころか、もはや床の一部しか見えないようなありさま。冷蔵庫の整理具合を見れば、その家のことがわかるのと同様に、部屋や押し入れ、引き出しを見ればその人となりが垣間見えます。

ただし、最近では研究が進んで、そのような人の中には〝だらしがない〟のではなくADHD（注意欠如・多動性障害）の人もいることがわかってきました。この場合は治療が必要です。

私も含めて片づけられない、捨てられない人たちに対するアドバイスは、本やネットで多く紹介されています。ちなみにネットの『部屋をすっきり！　片付けのコツ完全ガイド』では、簡潔に三つのポイントを紹介してくれています。

①「いつか、もしかしたら使うかもしれない」という考えを捨てること

②「いる」か「いらないか」ではなく、「使う」か「使わない」で分類する

③タダでもらった物は捨てる

これに私流にもう一つ加えるとすれば**「捨てた物を嘆くより、残った物を大切にする」**ですが、私は①の〝物を捨てる前に、考え方を捨てる〟にとても共感しました。

これは、とても仏教的な提言だと思うのです。物への執着は、心の表れです。その執着の心を捨てることで、心が軽くなります。

物を捨て、片づければ、部屋の中がサッパリするだけでなく、心も清々しく、さわやかになります。

「もったいない」と思うのは大事なことですが、心の掃除はもっと大事です。

○「死んだら終わり」ではない

私たちは乳離《ちばな》れから、幼稚園、小、中学校の卒業などで、たくさんの別れを経験してきました。それはゴールと同時に、いつも新しいステージに向けたスタートでした。

ところが、この別れをうまく処理できない人たちがいます。別れ上手や別れ下手という言葉はありませんが、恋人とうまく別れられない人も増えた気がします。ストーカー被害もその一つ。相手に「もう別れたい」と意思表示されたら、「わかった。お互い次に素敵な人と出会えるといいね」とすっぱりと別れて、次のステージに向かえばいいのにと思います。

お寺にいて気になるのが、ママロスの人たち。お話をうかがうと、生前から母親と濃密な関係があることがわかります。残された人が母親に依存しすぎていることが多く、それぞれ独立した個性のはずなのに、親離れ子離れができていません。

頼るべき寄る辺《べ》を失った喪失感は癒されることなく、延々と続きます。新しいステージなど考える余裕もありません。

ですから、親はしっかり子離れする覚悟を持ち、子供は親離れする勇気を持つことが大切だと痛感します。互いに依存しすぎないで生きていく智恵と勇気を身につけるのです。そのために過干渉はしないことです。

特に親は子供が親離れするように仕向けるくらいの覚悟が必要でしょう。

こう書くと、それでは放任すればいいのかと勘違いする人がいます。

さんざん子供に干渉していた親が、言うことを聞かない子供に「これだけ言ってわからないなら、もう知らないからね」と急転直下〝放任〟の言葉を吐くことがありますが、そんな両極しかないような不器用な育て方はしないほうがいいと思うのです。放任されることを恐れる子供は一転して依存を求め、親子共々に過干渉という泥沼にはまる危険性があります。

大切なことは、別れは必ず来ることを知っておくことです。そして、**次のステージを楽しみにできる心を養っておくこと**です。人生の最大の別れである死でも同じこと。「死んだら終わりではない」という感覚は大切です。

先祖のお墓参りはこの点でとても有効なのです。別れ上手になるために過干渉を避け、お墓参りしてみませんか。

ちなみにお墓は、仏の国にも通じている、時空を超える〝どこでもドア〟です。

○「自分はこうだ」となぜ決めつけるのか

仏教には三つの旗標があります。諸行無常《しょぎょうむじょう》・諸法無我《しょほうむが》・涅槃寂静《ねはんじゃくじょう》の三つ。三宝印《さんぼういん》と呼ばれます。仏教にはたくさんの宗派がありますが、この三つが欠けているものは仏教でないと言われます。最後の涅槃寂静は、心がおだやかになるのはとても素晴らしい生き方ですという意味。

諸行無常は、すべてものは同じ状態を保つことはないということ。なぜなら、どんなものでも縁の集合体なので、縁が変化すれば、現在の状態とは別のものになるということです。時間、季節、情報、流行、精神的な成長などの縁は、刻一刻と変化するので、物質はもちろん私たちの心も同じ状態を保つことはありません。

ここから導き出されるのが諸法無我。すべてものに固有の我（実体）と呼べるものはないという真理。たとえば、現在読んでいる本書も固有の実体はありません。本棚にしまえばコレクションになり、積みかさねれば踏み台や漬け物石になります。一ページずつ破って燃やせばバーベキューの火種にもなります。ヤギには餌になり、捨てればゴミになります。投げれば武器になります。文庫本投げ大会では（そんな大会があるか知りませんが）競技用品です。

これと同じように、私という我も〝こうだ〟という固有の実体はありません。肉体も年齢とともに変化し続けます。「こんなところにお肉あったかなあ」と脇腹をつまむのは私だけではないでしょう。

心も同様で、健全だと思っていた精神もちょっとしたことが原因でへこみ、とげとげしくなります。一年前に「自分はこうだ」と思っていたことも、今は違った考え方をするようになるのもよくあることです。

諸行無常や諸法無我がわからない人の中には、まるで決意表明のように、「私はこういう人間だ」とおっしゃる方がいます。

そんな時、私は**「そんなに決めつけなくていいんじゃないですか」**と申し上げます。

相手は私が優柔不断な生き方を勧めているように誤解して「いや、何かあっても私は変わりません」と意地になります。

「こんな人間だ」は「これは本だ」と言っているようなものです。右でお伝えしたように、本には本以外の使い道がたくさんあるように、自分を「こうだ」と一つの枠の中に押し込めるのは、自分の可能性を自ら狭くしていることになります。

あなたも私も固有の実体などない無我。つまり、可能性は無限大なのです。

○一度、思い切って「理屈」から離れてみよう

私たちは誰でも、もともと内蔵している力があります。空気から酸素を取り込んで全身に送る肺、食べ物の栄養素を吸収する胃腸、体に有害なものを解毒し排出するデトックスのシステム、五感や体内から集まった膨大な情報を処理し、全身をコントロールする脳の働きなどです。

仏教以前からインドで行なわれてきたヨガは、この力を最大限に引きだして、ストレス解消、心身の健康維持、回復に効果があります。

ヨガは仏教にも取り入れられました。呼吸法、座法、瞑想法を訓練して、普通の人間以上の高度な心身を実現するために活用されてきました。

特に瞑想法では自我の働きから脱したり、自分と宇宙の同一化をはかるなど、宗派によってさまざまな手法が取られます。ちなみに、仏教ではヨガは瑜伽《ゆが》と言います。ヨガはトレーニング、瑜伽は修行と言えるかもしれません。どちらも理屈や理論の世界から離れる点では共通しています。

頭で考えるのではなく、感性を研ぎ澄ますと発動される潜在能力があるからです。

かつて話し方の勉強をしていた時、先生がこんな質問をしました。

「子供が、縁側で画用紙にクレヨンで一生懸命絵を描いていますが、クレヨンが床まではみ出しています。さあ、この様子を見てあなたはどう思いますか」

これは、その時その場で何を感じるのかを当意即妙に言う訓練です。「えーと」などと言おうものなら、すぐに「悪い頭をいくら使っても駄目！」と冗談まじりの厳しい指摘を受けます。なるほど「クレヨンを強く握りすぎだ」と考えて分析するより、自分が感じた「掃除が大変だ」のほうが、聞く人の心に抵抗なく入っていきます。

人間関係に少々疲れを感じている人は、特に自然に対して感性を働かせてみてください。満天の星、高峰でのご来光、山林のしじま、落日の荘厳さ、雪山の崇高さ……。

理屈では説明のしようがない、どんな絵師も筆を投げ、音楽家も弦を切りたくなるような世界がたくさんあるのです。

頭で理解しようとしても、理屈で考えても、心はカサカサになるばかり。感性は私たちの心に潤いを与えてくれます。**理屈を離れて、自分の心が何を感じているか**（くれぐれも〝何を考えているか〟ではありません）**を楽しむ時間を持ってみてください。**

いつだって自然の風光は、あなたの感性を刺激し、当意即妙な答えを返してくれています。

○こんな「色眼鏡」を外そう

仕事をする上、人とつき合っていく上で、誤解はされたくないものです。そのために、私は、人に話をする時に相手に5W1Hを丁寧に説明するようにしています。いつ（When）、誰が（Who）、どうして（Why）、どこで（Where）、何を（What）、どのように（How）です。

たとえば私が本書を書いていることを説明する時は、「今年、三笠書房から私に、ものごとを気にしている人が多いので、仏教の目線からの助言を、見開き二ページ完結で約百本の原稿を書いてくださいと依頼されました」と言えば誤解されないでしょう（〝どこで〟が抜けていますが、この場合は重要ではありません）。

仕事上で誤解されないためには、ものごとを整理して伝えることが第一。問題は、適切でない言葉を使ってしまう場合です。書かせてもらっているのに、本の原稿を書かされていますと言えば、本心は書きたくないのだと誤解を受けます。

この場合、私は意識していないのに、心のどこかで「面倒だ」と思っている可能性があります。そうなると誤解しているのは自分自身です。自分の心を掘り起こして

「書かせてもらってありがたい」と納得しなくてはなりません。

また、面倒などと微塵《みじん》も思っていないのに「書かされて」と言ってしまったのなら、単に言葉の使い方が間違っているだけですから、たくさん本を読んで、言葉の使い方を勉強する必要があります。

仕事ではなく、人とつきあう中で自分を誤解されてしまうこともあります。これも困ったことですが、自分がどう誤解されているのかは、それが露顕しないとわかりません。意に反して私はこんなふうに思われていたのかとわかったら、誤解を解く努力が必要な場合もあります。

しかし、**わざわざ誤解を解こうとしなくても、自分の信念さえしっかりしていれば、いつか誤解は解けます。**否、仮に解けなくても、それは相手に人を見る目がないだけなので、放っておいていいこともあります。

おそらく私も多くの人のことを誤解しているでしょう。しかし相手も時がたてば変化します。自分の受けとり方もどんどん変化していくでしょう。久しぶりに会ったら、思っていたような人ではなかったと感じることは、よくあります。

ですから、**私は「この人はこういう人だ」と固執しないようにしています。**それが色眼鏡を外すということです。あなたは色眼鏡で、人を見ていませんか。

3章

うつうつした時は、こう考える

○たくさん失敗した人は、優しくなれる

人生の中で何度もする失敗の数々。一つの失敗を教訓にせずにまた同じ過ちをくり返して「ゲッ！　またやってしまった」と悩む状態を、仏教では〝迷っている〟といいます。

私の敬愛するお坊さんは、このような「迷いをくり返すこと」を〝輪廻《りんね》〟と言うのだと教えてくれました。わかりやすい説明です。

もともと輪廻は、生きている者が死んだ後に迷いの世界である地獄、餓鬼、畜生、修羅、人、天の六つの世界のどこかに、再び生まれることを表します。単に生まれ変わるのが輪廻ではなく、迷いの世界に再生してしまうことです。この輪廻の輪から抜け出そう、迷わない世界にとび出そうとするのが仏教。そのために、迷いのもとになっている煩悩の束縛から解放され、脱出する〝解脱《げだつ》〟を目標にします。

ですから、仏教では、悟りを開けば生まれ変わることはありません。「あの人はお釈迦さまの生まれ変わりだ」というフレーズはあり得ないということになります。

「仏の顔も三度まで」の言葉の通り、一つの失敗はくり返しても三度まで。三度同じ

失敗をしたら、そこから学んで同じ失敗はくり返さないのが大人です。

しかし、失敗の種類はたくさんありますから、結果として人生は失敗の連続——私はそう覚悟しています。

その上で、失敗を恐れないでいたいと思います。その理由は二つ。

一つは、世の中はやらないとわからないことばかり。やれば失敗するのは当たり前。失敗を恐れていると何も身につかないからです。

失敗を恐れない理由の二つ目は、失敗をすればするほど同様の失敗をした人に対して寛容になれると思うからです。「なるほど、その失敗ね。私もやった。ついやってしまうんだよね」という具合です。

そうだとすれば、失敗の経験をたくさんしたお年寄りは許せることが増えるだろうと、作った言葉が**「年を取ることは、許せることが増えること」**でした。実際に五十歳を超えて、私は許せることが増えた気がします。

人間としての成熟は、たくさんの失敗から多くのことを学び、人の失敗を許せるようになることでしょう。他人のちっぽけなミスにいちいち目くじらを立てて責めなくてもすむようになるのですから、これまた結果として、心おだやかになれます。

たくさん失敗して、たくさん学んで、たくさん許せるような生き方をしましょう。

○ネガティブな感情は「浮かぶに任せ、消えるに任せる」

人の中にいるのが煩わしくなることが、時々あります。一人でいれば、少なくとも他の人と接することによる摩擦は起きません。その点で、僧侶は一人でいることが多いので、自然に煩わしさから離れたありがたい境遇にいると言えます。

人と一緒にいて楽しいことでも、その場に延々といれば疲れます。私は人といるのは嫌いではありませんが、他の人に関心を持ち続けられるのは、せいぜい六時間がいいところ。後は一人でいるか、気の置けない家族と一緒にいたくなります。

楽しくてもそうなのですから、摩擦によってマイナス感情が起きやすい環境に否応なくいなければならないなら、心の負担をずっと感じていなければなりません。

相手の失礼な言動に憤り、理解してもらえずに悔しい思いをします。厭味《いやみ》を言われて憎み、信頼していた人に心ないことを言われてやるせなく、悲しみに暮れます。困っている人に対して何もしてあげられない自分を、情けなく思うこともあります。

しかし、私の場合、こうしたマイナス感情の多くは翌日になると忘れてしまいます。よく言う〝寝れば翌朝には忘れている〟という部類です。ふとしたはずみで思いだしても「ああ、そういえば、昨日嫌な思いをしたっけ」と笑うことができます。

自分に起こるマイナス感情をカテゴリー分けしてみると、どのレベルのマイナス感情なら浮かぶに任せ、消えるに任せておけばいいかがわかります。

参考までに私の場合、あまり親しくない人にも愚痴で言えるようなら、マイナス感情は放っておいていい低レベル。親しい人になら言えるのであれば中レベル。聞いてくれる人がいるだけでスッキリします。

問題は、誰にも言えず相談もできない高レベルのマイナス感情。その状態が三日続くようなら、何とか処理しようと、自分がなぜそのようなマイナス感情を抱くのかを分析します。

自分は何が嫌なのか、自分は何を望んでいるのか、自分のご都合は何なのか、なぜ相手がそうするに至ったのか、仏さまならどう反応するかを考えていきます。

そうすることで、まだまだ至らぬ自分に気づいて修整していけます。

相手の境遇や思考を考えることで「あの人ならば、ああするのは当たり前だ」と気にならなくなります。

あなたも一度、自分のマイナス感情をカテゴリー分けしておくと、この先の人生が、ぐっと楽になりますよ。

○「別にガッカリされたっていいや」

みんなに好かれる人になりたいと見果てぬ夢を見ている人は、毎日つらいだろうと思います。好かれるというプラスの夢を見ている一方で、嫌われたくないという恐怖を抱き続けなければならないからです。みんなからチヤホヤされる夢心地よりも、嫌われる恐怖のほうがずっと大きいだろうと思います。

その恐怖にふたをしていると、人の期待に応えることばかりに必死になります。物心の両面で周囲の人の庇護《ひご》がないと生きていけない小学生くらいまでは、それも仕方ありません。嫌われれば生きていけないのですから。

しかし、そのまま年を重ねて思春期を迎えれば、相手に合わせた動きをするあやつり人形のようになってしまいます。嫌われたくないという恐怖の紐であやつられていることに気づく時期が、人生の中では必要なのです。

えらそうなことを書いていますが、私も高校生くらいまではそんなところがありました。お寺の住職の息子が人に嫌われてはいけないと思っていたふしがあります。

そのために八方美人（？）のイイ子を演じていた頃がありました。ＤＶの被害者にもそのように、人をガッカリさせてはいけないと思っている人がたくさんいます。

しかし、人をガッカリさせてはいけない、期待に応えなくてはいけないなんて思わなくてもいいのです。Ａの人の期待に応えることが、同時にＢの人をガッカリさせることだってたくさんあるのです。

ある人は友達に嫌われないために、親の金を盗んで友達にご馳走していました。やがてそれが発覚して親をガッカリさせました。そして親をそれ以上ガッカリさせないために、誰にいくらご馳走したかを白状して仲間をガッカリさせました。

人に嫌われることを気にし、人をガッカリさせることを気にするなら、人の評価が気になって仕方ない自分にガッカリして、考え方をあらためたほうがずっといいです。**自分は自分なりに正しい道を歩もうとしている、あるいは実際に歩んでいる自信があれば、それでいいのです。**

自分が歩いている道の沿道で声援を送ってくれる人の中に、何が気に入らないのかそっぽを向いて立ち去る人がいたとします。

あなたはその人の後を追いかけないでしょう。自分の信じる道を歩けばいいし、歩くしかありません。

自信を持って歩ける人生という道を、あなたも用意してください。

○イライラ病への対処法

近くに怒っている人がいると、こちらまで気まずくなります。怒りが放つネガティブなエネルギーの影響でしょう。

そこで私は「何をそんなに怒っているのですか」と聞きます。「だって、○○なのだから怒るのは当たり前でしょ」と答えが返ってきます。その理由について、私が納得できるなら「そりゃ当たり前ですね」と言えます。仮に怒る理由が納得できなくても、怒る人にはそれなりの理由があります。ですから「私ならそんなことで怒らないけれど、どうしてそれが気にくわないのですか」と納得できるところまで「どうして」とくり返し聞きます。これでこちらはネガティブな重力場から解放されます。

私たちは、当たり前だと思えば怒りの影響を受けなくなるのです。「あの人はああいう考え方をしているのだから、怒るのは当たり前だ」「そんな考え方をしていれば、気が晴れないのは当然です」と相手への共感とともに客観視できるようになります。

こうしたプロセスは、自分が抱く負のエネルギーを減らすのにも役立ちます。

「私は何に怒っているのだろう。私はいったい何をどうしたいのだろう。私はどうし

てんなことを望むのだろう」と考えてみるのです。

そうすると、「なるほど、**①私はこういう理由でこんな考え方をするようになり、②こうしたいと思うようになり、③結果としてこんなことで怒りたくなるのか**」と納得できます。怒りたくないなら①の「こういう理由でこんな考え方をするようになった」から考えなおさないといけないことに気づきます。

これは怒りだけでなく、悲しみ、苦しみなどの負の感情すべてに有効でしょう。納得できる所まで〝なぜ〟をくり返してみるのです。

そんなことは面倒だと思えば、それもまた面倒という負のエネルギー。「なぜ自分はそれを面倒だと思うようになったのか」を自分に問い、自分に答えてみてください。

それが、自分を知ることにつながり、相手の心中を忖度《そんたく》することにつながり、友好な人間関係をつくり上げることになります。

自他への思いやりは学校の道徳の授業で習ったはずです。しかし、義務教育を終えるとすっかり忘れてしまう人も多いでしょう。

考えれば考えるほど人格が高くなるとは言いませんが、少なくとも思慮深い人は考えることをしている人、他人のことも自分のこともよく知ろうとしている人です。

「なぜ？」を楽しんでみましょう。

○年を取っても魂まで老けさせるな

仏教に「八万四千《はちまんし》《せん》の法門《ほうもん》」という言葉があります。仏教への入り口は八万四千、つまり無数にあると言うのです。

なぜそんなにあるかと言えば、お釈迦さまが相手によって説き方を変えたからです。怠け者には頑張れと励まし、働き過ぎの人には休息を勧め、けちん坊には布施を説き、怒りん坊には慈悲を説いたのです。

ですから、仏教の教えをお伝えするなら八万四千冊の本が書けるでしょう。しかし、私のように個人的な事柄を織りまぜようとすると限度があります。「もう書くことがありません。逆さにしても鼻血も出ません」と出版社にごめんなさいをしたくなります。そんな時、ある編集者が二つのことを言って私を奮起させてくれました。

一つは、「悩んでいる人、そのままだと悩みそうな人を、仏教の考え方で救いたいと思うなら、本を書き続けなければならない」と言うことでした。新刊は普通で数カ月、よくて数年で書店から姿を消します。つまり読者の目に触れなくなるのです。基本的に新刊は書店に置いてもらえるので、書き続けなければならないと言うのです。

二つ目の言葉に、私はハッとしました。「最新刊が発行されて以降に新しく感じたこと、お伝えしたいことがあるでしょう、それを書きなさい」とおっしゃるのです。

友人の誕生日を知ると、私は「生まれて初めての○歳、おめでとう」とメッセージを送ります。

自分の誕生日にも「私は生まれて初めて○歳になったのだな」と思います。すると、とても新鮮な気持ちになります。「今日はいつでも、これからの人生の最初の一日」という言葉もありますが、先の編集者が言うように、数カ月生きていれば、本一冊分くらいのお伝えしたいことが起こっているはずなのです。それを、もう書くことがないと言うのは、私が惰性で生きている証拠です。

人は毎日必ず一日分の歳を重ねます。しかし、もうこんな年齢になってしまったと嘆いている暇はありません。

新しいことに気づく感性さえあれば、同じことのくり返しのような日常の中に、「うわっ、今日まで気づかなかった」とキラキラ輝く物が見えてきます。

その訓練をしていると、視覚に振りまわされないために目を閉じたり、聴覚に頼らないために耳をふさいだり、おもいっきり木の幹や草や土に近づくなど、チャレンジ精神ができます。年を取っても、魂まで老けさせちゃ駄目ですよ。

○暗い過去も〝料理〟しだいでプラスにできる

過去・現在・未来のことを、仏教では三世《さんぜ》と言います。お経の中にはよく出てくる言葉です。三世諸仏（三世の仏さまたち）、三世十方《じっぽう》の仏（時空に遮《さえぎ》られることなく遍在している仏さまたち）、三世因果（過去の原因が現在の結果になり、現在の結果が原因となって未来の結果を生んでいく世の中のあり方）など枚挙に暇がありません。

輪廻の中での前世・現世・来世の意味で使われることもありますが、その場合には三世ではなく、前世、現世、来世それぞれの言葉が独立して使われることが多いでしょう。

ですから、お坊さんたちは時間を過去・現在・未来の三世として、流れているもの、変化していくものと認識するクセがついています。

この三つの時制の中で、過去は文字通り過ぎ去ったものですからやり直しはききません。現在もすぐに過ぎ去って過去になります。未来はいまだに来ないものです。

この中でどう生きるかと言えば、今一瞬を生きるしかありません。今一瞬を生きるしかないのが人間という存在です。

その一瞬は、過去の膨大な経験を土台にした頂上にいるようなものです。言い換えれば、これから料理をしようとするあなたの前に何百、何千もの過去という素材、調味料、調理器具がすでに用意されているようなものです。それらを使って何を作るかが、今、今日、明日を生きるということです。今日使うものでも、明日は使わないかもしれませんが、あなたの前には膨大な素材、調味料、用具が用意されています。

不要だからと捨てられるものは何一つありません。過去は過去で、それ以上でも以下でもなく、現在のあなたの土台になっているのです。

料理でたとえれば、仏教では〝善なるもの〟を作ったほうがいいと説きます。悪は作らないほうがいいのです。善は過去にやったことが現在や未来に渡って心をおだやかにするものを言います。現在やっていることが未来の心おだやかな状態を作れば、それは善です。逆に時間が経過した時に、心がおだやかでないことを悪と言います。ですから、**やっている時点では善悪は判断できません。**

本書をお読みになったことを、「読んでよかった」とするか「読まなければよかった」とするかは、今後のあなた次第なのです。

触れたくない過去という素材も、今のあなた、将来のあなたなら素晴らしいお料理にできるはず。さあ、人生の名料理人になりましょう。

○後悔の数だけ正直者に近づいていく

その場しのぎの、心にもないことは言わないほうが無難です――と、書いたものの〝心にもないことを言う〟は矛盾した表現ですね。心にもないことは言えないはずです。心のどこかで思っているから口に出るのです。

ですから、奥ゆかしく「心にもないことを言う」ではなく、思いきって「嘘を言う」にしたほうがハッキリします。

会議が終わった懇親会で「会議では心にもないことを言ったけど、じつは……」ではなく、「会議では本心ではなく嘘を言ったけど、じつは……」なら、その後に出てくる問題が明確になります。その問題とは「あの人の言うことは信用できない」と噂され、信頼を失うという大問題。

いくら親しい間柄でも、否、親しい人だからこそ、打ち明けられた方は弁護するつもりで「あの人の発言は、本心じゃなかったんだって」と他の人に言いたくなります。しかし、その言葉が広がれば「奴は信用できない」と思う人が出るのは明らかです。

他によくあるのが、自分では悪いと思っていないのに、その場しのぎの〝ゴメンナサイ〟。私はこれを〝とりあえずゴメンナサイ〟、略して〝とりゴメ〟と命名。結婚して早々に身につけた、夫婦間の処世術です。

しかし、所詮その場しのぎの悲しい運命。すぐに「謝ればすむと思っているでしょ」と胸のうちを見透かされ、結果的に火に油を注いだようなもの。嘘は遅かれ早かれ発覚し、自らを窮地に追い込みます。

相手を傷つけないために、心にもないことを言ってしまう場合もあるでしょう。

私は、はなはだ心配な相手に「あなたなら大丈夫」と言ってしまったことがあります。本当なら「駄目ならあきらめなさい」とか「私が手伝いますよ」と言えばよかったのですが、大丈夫だと言ってしまった手前、その人が失敗するのをただ見ていただけ。〝後悔先に立たず〟を痛感したこともありました。

「この間はあんな言い方をしてすみません」と言われて「いいえ、気にしていませんよ」と嘘を言ったこともありました。本当は夜も寝られぬほど気になっていたのです。

その時、**素直に「そうおっしゃっていただいて、気が楽になりました」と言えばよかった**と思うのです。

こんなことがたくさんあって、私は徐々に心にもないことを言わなくなり、正直者になりつつある気がします。

○順境もよし、それと同じくらい、逆境もまたよし

私は臆病なところがあって、順風満帆の日が数カ月続くと、〝禍福《かふく》は糾《あざな》へる縄《なわ》のごとし〟の諺が脳裏を行き交います。「こんなに順調な日々が続くはずがない。近いうちに予期しない悪いことが起こるだろう」と思うのです。

そのためでしょう。悪いことが起こった時の用心に格言をいくつか覚えておくことにしました。というより、自然に覚えてしまいました。

〝**どんな不幸を吸っても、吐く息は感謝でありますように**〟は、逆境の時でも感謝の心を忘れなければ、心は凍りつくことなく、保温されるという希望を与えてくれます。

〝**しゃがみ込んだら、ジャンプのチャンス**〟は、しゃがみ込みたくなるほどの状況になった時、今は次のジャンプのために膝を曲げた状態だと思うことができて、時を待つ覚悟ができます。

〝**あんたが悪いと指を差す、でも三本は自分を向いています**〟は、逆境を「私のせいではない」と責任転嫁しない強い心を作るのに役立っています。

そして、〝**よく聞いた　聞いた心に　腰かけて　地獄の釜で　ひと休みする**〟。これ

は西の一休とも呼ばれた江戸時代の禅僧仙厓《せんがい》和尚作と伝えられています。「仏の教えをよく聞いておけば、仏の教えがすっかり心に定着する。その心にどっかりと腰を据えれば、地獄へ落ちたところでビクともせずに、地獄の釜の上に腰かけて、ひと休みもできる」という意味です。

禅僧らしい決着の仕方だと思います。どんなことでも嘘のない真実の姿であって、森羅万象すべてが総掛かりで私たちに仏の教えを説いています。

それは地獄にあっても同じこと。まっ正面から堂々と受けとめる覚悟さえあれば、自分を高める材料になるはずなのです。逆境にあってもひと休みする心の余裕が生まれる言葉です。

そのために、仏教を勉強して少しでも自分のものにしておきたいと思います。

私はよく冗談半分に「私もあなたも地獄行きになる可能性があることをやってきたでしょう」と言います。皆さんニッコリうなずくので、こうつけ加えます。

「じゃ、待ち合わせの場所は地獄の一丁目のバス停。先に逝《い》った人は、近所で感じのいい居酒屋を探しておいてください」

――冗談でもこのくらいのことを言えるようにしておきましょう。順境もよし、逆境もまたよし、と考えられる心が徐々にでき上がっていきます。

○「グズ・のろま・不器用」でいいじゃないか

この項は少々講談チックな書き方でやってみましょう。何と言っても、約百項目に及ぶ原稿を書いていれば、書き手の私も趣向を変えたいと思うのが人情。いささか芝居がかった文章ですが、千文字のおつき合い、よろしくお願い申し上げます。

さて、世の中には自分はグズで不器用だと卑下している人はいるもの。かくいう私もその一人。しかし、梅雨に花咲く朝顔も頼る籬《まがき》のあればこそ、一人では心もとなく、おのれのひ弱さに恐れおののく身に、何とも頼もしい応援団がいます。宮沢賢治、その人であります。

『銀河鉄道の夜』『注文の多い料理店』は皆さまご存じの通りですが、ここにもう一つ。賢治が手帳にしたためましたほとんどカタカナの一文は、音に聞こえた『雨ニモマケズ』の名文。

文はわずかに二百余字。皆さまには是非とも全文を味わっていただきたいところですが、その後半に「東に病気の子供あれば行って看病してやり、西に疲れた母あれば行ってその稲の束を負い、南に死にそうな人あれば行って恐がらなくてもいいと言い、北に喧嘩や訴訟があればつまらないからやめろと言い」の達文。仏教徒としての生き方、かくあるべしというような熱い思いが溢れ出ております。

そして、本文はアッパレな決着の一文で締めくくられます。

「みんなに木偶《でく》の坊と呼ばれ、褒められもせず、苦にもされず、そういうものに、私はなりたい」

いかがでございましょうや。グズだ、のろまだ、不器用だと呼ばれ、相手にもされないことに意気消沈しているわが朋友の諸兄諸姉。賢治は自ら、そういうものになりたいと言っておるのでございます。

もちろん、その一方で南へ北へ西、東、己《おの》が信念に基づいて淡々と、親からもらった五尺の体一つ、やるべきことをやっての上での話でございます。

それでもなおグズと思われるのが悔しいなら、**「グズ一つも考えよう、ゆっくり、のんびりしているだけよ」**と答えればよし。

不器用だと責められれば「天照《あまてらす》の古《いにしえ》より、なまじ器用なために一つことに徹することができず、あちこち手を出して大成しない器用貧乏は数知れず。そういうものに、私はなりたくない」と逃げだせばいいのでございます。

これを持ちまして『気にしない練習』の一くさり、お後がよろしいようで。

○人から批判された時は、こう考える

「批判は貴重なアドバイス」という名言を知ったのは、三十代前半のことでした。同じ意味の「良薬は口に苦《にが》し」は知っていましたが、なるほど自分への批判は良薬かもしれないが、苦いのは嫌だと思っていた気がします。

私は自分への批判を、まるで自分の全人格が否定されたかのように思って、逆ギレ同様の思考をして憤懣《ふんまん》やる方なさをつのらせていたのです。また、批判されると、その内容ではなく、批判した人を憎らしく思うことも度々でした。それがまた、何と自分はイジイジしているのだという自己否定へとつながっていきます。

そこで、これではいけない、私の思考回路はどこか変だと思って自己分析をしたのです。以下はその経緯と現在の境地です。

①自分への批判を、自分の全否定と勘違いして、一人で憤る《いきどお》。
②批判の内容よりも、「えらそうなことを言っているが、お前だって」と批判した人間に敵意を向け、相手を否定することで、相手の言ったことも否定できると考える。
③日がたつと、人への敵意よりも言われた内容が何度も脳裏をよぎるようになる。

④いつの間にか「なるほど、言われたことは正鵠《せいこく》を射ているかもしれない」と冷静に受けとめられるようになる。

一つのことを別の側面から考えられるのは、まるで自分からもう一人の自分が細胞分裂したようなものです。これで人間の幅が広がります。

⑤人間としての幅が広がったので、批判した人が意地悪であろうが、幼稚であろうが、「あの人のおかげだ」と感謝できるようになる。

最初は、言われたことが自分の内面を傷つけたので心の矢印は内に向かい、次に相手を責めるために矢印は外に向かい、「でも言われたことは本当かもしれない」と再び矢印が自己の内面へと向かった軌跡です。そして矢印は変質を遂げて再び外に向かいます。

⑥「いくら本当のことでも、相手が全人格を否定されたように感じる言い方はよくないから、自分はなるべく言い方に気をつけて助言するようにしよう」と思えるようになる。

これで自分が人として、もうひと回り大きくなった気がしました。

この分析のおかげで、誰かに批判された時、自分の感情や思考がどの段階にあるのか分析して、次のステップに進めるようになりました。参考にしてみてください。

今までよりずっと早く、心おだやかな状態にリカバリーできるはずです。

○「自分を変えよう」とあせる必要はない

私は自己評価が高いほうだと思います。百点満点で六十五点くらいでしょう。足りない三十五点は、やるべきかもしれないけれど、自分の限界を超えているのでできない部分です。

たとえば宗教者として今困っている人のもとへ行って役に立ちたいと思いますが、一つの寺の住職をしている限り、世界のあちこちを困っている人を探してかけまわることはできません。今のところ、Think global, Act local でいくしかないのです。無理にやればひずみが出ます。このような部分がマイナス三十五点です。

六十五点のうち五十点は現時点で自分なりにできていることですが、誰かの批判でもろくも崩れる可能性があります。六十五点のうち十五点は、今の自分にはまだできていないことを自覚して、努力していることです。

自分にできていないことを自覚するのは難しいことではありません。私の場合なら、朝の挨拶の「おはよう」の〝は〟がまだきれいに言えません。は行の言葉はたくさん息を吐かないと発音できません。元気がないと出ない音なのです。

朝から元気一杯ならば〝は〟が言えるのですが、残念ながら十回のうち五回くらいは「おぁよう」になります。

誰かと時間を過ごして別れの挨拶をする時も「それじゃ、お疲れさま。ありがとうございました」としか言えないことが多いのです。私の目標は、同じ時間、同じ空間を共有した人と過ごした感想をつけ加えること。今日は楽しかったです、勉強になりました、またお会いできるのを楽しみにしていますなど、まとめのひと言が、私にはまだ加えられません。「それじゃ」と言いながら帰り道のことや、帰ったら何をしようかといったことを考えているのですから、まだ目の前にいる相手に失礼な話です。

こうしたことを「私なんて、まだまだだ」と自覚するだけで何もしなければ、私の自己評価はもっと下がるでしょう。

しかし、私は何とかしたいと意識的に「おハよう」と言い、別れの挨拶の後にひと言つけ加える訓練をしています。できないことを自覚してやろうとしているので、自己評価では十五点の加点でいいと思うのです。

もし、**あなたの中に早く変えたいと思っているところがあるなら、あせらなくていい**ですよ。右の二つは、十五年も訓練しているのにまだできません。自分を変えるのは簡単ではありません。**大きな器を作るには、時間がかかるものです。**

小欲の鋤《すき》と、知足の鍬《くわ》で心を耕す

望む物が多く、得る物が少なければ、心が満ち足りないのは当たり前。〔幸せ度（％）＝現実÷願い×１００〕は、世に知られる幸せの方程式です。十の願いがあって二つしか叶えられなければ、幸せ度は五分の一の二十％です。幸せ度を百％にする方法は二つ。十の願いすべてを叶えるか、願いを二つにしぼり込むかです。

仏教のアプローチは後者で、〝小欲知足《しょうよくちそく》〟という言葉で表されます。欲を小さくして足りていることを知れば、それで心がおだやかになります。

多くを願わないなんて、消極的で嫌だなぁと思われるかもしれません。

私は若いころ、物が欲しいのに手に入らない時は、この世にある物はすべて自分の物で、今はとりあえず誰かに貸してあげているのだと考えました。

まるで創造の神か、持たざる者のひがみゆえのゆがんだ思考ですが、頭をむくむくと擡《もた》げる物欲をとりあえず抑えられました。

結果的に、自分の物にしなくてもそれなりに生活できるので、「欲しかった物は私には不要だったのだ」と悟れるようになりました。

引っ越しの後、何カ月も荷物が入っている段ボールを開かないで生活できるのがわかって「つまりこの箱に入っている物はいらないのだ」と気づくのと同じです。

仏教は、過剰な物欲だけでなく、私たちが何かを求める心が生みだす〝心が満たされない状態〟について思考を重ねてきました。

人の欲には限りがなく、いつまでも求め続ければ、常に欲求不満の状態で生きていかなければなりません。また、得れば得たで、失うのを恐れて不安になります。

この状態が心おだやかでない、心が満たされない状態です。

古歌に〝惜しや欲しやと思はぬ故に、今は世界が我がものじゃ〟があります。

かつての私のように、**世の中にある物はもともと私の物だと考えなくても、欲を小さくして足りることを知れば、安心していられます。**

求めるのも、求めるのを少なく努力するのも、現状で満足、もっと少なくても満足だと思うのも私たちの心です。

欲が形を変えた物質で心を埋めるのではなく、心を耕すことで、欲も苦しみも少なくしていくことができます。

小欲の鋤《すき》と、知足の鍬《くわ》で心を耕してみませんか。おだやかな心が収穫できます。

○どんなことでも、「無理」は絶対に続かない

奈良東大寺の本尊さまは盧遮那仏《るしゃなぶつ》。その大きさは座高が十五メートル。もし日本人なら（そんなことはありませんが）平均座高は身長の五十三％ですから、奈良の大仏さまが立てば二十八・三メートルになります。一方、東は浅草、金龍山浅草寺の本尊さまは観世音菩薩。身の丈《たけ》一寸八分といいますから五・五センチメートル。

一般的に仏像の標準の大きさは、丈六《じょうろく》と言われる四・八メートル。これだけでも充分大きなお姿ですが、どうして大仏のように大きな仏さまができたかと申しますと、偉大さをそのまま大きさで象徴しているのが第一の理由でしょう。また、小さな仏像は身近に祀ることができるのと、広大な慈悲と智恵がコンパクトなお姿に凝縮しているのを象徴しているのだろうというのが私の推測です。

もとより仏さまは、私たちが心おだやかに生きるための仏教出身ですから、像の大小に関係なく、私たちの体のサイズ、等身大に重ね合わせることが大切です。

自分の中に自分と等身大の仏を、仏の中に仏と等身大の自分を見いだせば、それだけで仏として生きていけます。

ここで言う等身大は、変化しないのではなく、徐々に成長している自分のことです。私たちの心は、無理をしなくても収縮と膨張をくり返して、徐々に大きくなる細胞のようなものです。

私たちの心は伸縮性を持っています。たまに落ち込んで縮こまることもありますが、チャレンジ精神を発揮して現在の自分より大きくなろうとします。

大きくなろうと少し無理をすることで私たちの心は大きくなっていきます。無茶はいけませんが、少しの無理はしたほうがいいのです。

しかし、収縮しすぎると潰れてしまいます。〝自分なんて〟と卑下し続ければ、暗闇の底へ落ちていくことになります。

そんな時に〝たかが自分、されど自分〟と思いとどまり、闇から這い上がるハーケン（くさび）のような手がかりが必要でしょう。その手がかりになるのが仏教の教えだと私は確信しています。

また、急激に膨張、膨張しすぎれば千切れてしまいます。心がずたずたになることがあるのです。「このまま背伸びし、意地をはり続けたら、心が千切れるかもしれない」と気づくには、**一人で静かに心の内面を見つめる時間を持つことが大事**です。

私は、**徐々に成長していく等身大の自分でいれば、それが一番**だと思うのです。

○「孤独」はいいけれど、「孤立」はいけません

世の中には似て非なるものがあります。ある万年筆愛好家は、ボールペンは情報などを事務的に記録するもの、万年筆は思いや記憶などを心情豊かに残すものとおっしゃいました。すぐに影響を受ける私は、翌日万年筆を買った覚えがあります。

また、ある将棋の名人は、「悩む」と「考える」は違うと言います。堂々巡りしているだけで結論へ到達しないのが悩む。それに対して、一つ一つ思考を重ねて結論に至ることを考えると言うのだそうです。

この違いを知っていると、他人に対していいアドバイスができます。悩んでいる人は自分の心の状態を冷静に把握することができません。その時に他から「それって、悩んでいるの？　考えているの？」と言われれば、ハッとして、問題に冷静に対処する考える力が回復することが多いものです。

平成の時代になって特にクローズアップされている似て非なるものに、孤独と孤立があります。人や地域のネットワークで結びついていた社会が、さまざまな要因でその絆が弱まり、あるいは分断されて限界集落、引きこもり、孤独死など孤立社会が広

がっています。このままでは、助け合いの精神で育まれてきた豊かな日本が病んだ国になってしまうと危惧されています。

一般に、孤独はひとりぼっちの寂しい状態を意味していましたが、平成になってから、孤独は一人でいることをよしとする状態だと解釈が変化してきました。

物理的に一人で暮らしていても、結びついている仲間や家族がいる場合、あるいは一人でいても心が充実している状態です。僧侶が坐禅をしている時などがこれにあたります。

一方、孤立は物理的にも精神的にも他とのつながりが切れてしまった心細い状態。その心の空虚さを埋めるためにゲームにのめり込んだり、自暴自棄になったりします。

恋人や友人など深い結び付きが求められる人間関係で悩んだ人は、「もう恋はしない」「友達なんていらない」と関係を放棄して楽になろうとすることがあります。

しかし、孤立して生きるのは、援助も求めず、援助にも頼らないという大きな覚悟が必要です。覚悟は、つまらぬ意地や自棄《やけ》になった開き直りとは似て非なるものです。

孤独ではあっても、孤立しないほうが、心がおだやかに生きていけます。

求めているものが得られないからと言って、「もう何もいらない」なんて、子供みたいに、自棄になっちゃいけません。

○自分一人の力など「たかが知れている」

『大日経』の中に三力偈《さんりきげ》と呼ばれる短い偈（詩の形式で説かれる教え。多くは四句で構成されています）があります。

以我功徳力《いがくどくりき》　**私が積んだ善行の力と**
如来加持力《にょらいかじりき》　**仏さまたちから加わる力**
及以法界力《ぎゅういほっかいりき》　**及び宇宙や自然を成立させている力で**
普供養而住《ふくようにじゅう》　**普く供養でき、素晴らしい境地に安住することができる**

三力偈は真言宗の法要の最後に「私の力だけでは何もできません。三つの力が働いてこそものごとが成就するのですから」という意味で唱えられます。僧侶は頻繁にこの偈を唱えているので、自分の一人の力などたかが知れていると、何度も確認することになります。

ものごとは、自分の努力＋他の人の助力＋自然の力が三つ巴にがっちりスクラムを組んだ時に、順調に動き、素晴らしい結果になります。

たかが道を歩くだけでも、自分の努力だけで歩いているわけではありません。道を造ってくれた人がいます。道路の材料になった砂利や土、アスファルトなどは自然の産物です。

自分一人で生きていると思っても、自分の努力で心臓を動かしているわけではありません。切り傷ができた時、自分の努力でかさぶたを作って直しているわけでもありません。

他にも、自分の稼いだお金で暮らしていると考えて、周りの助力を感じとる感性を徐々に弱らせてしまう人もいます。確かに給料は働いた対価ですが、製造業でもサービス業でも、消費者の存在なくして代金は発生しません。買ってくれる人を〝他の人の助力〟〝おかげさま〟と考えることで心が豊かになります。

こうしたことがわかっていないと「私は一人で何とかしてきた」「私は一人で何でもできる」と勘違いして、謙虚さがなくなり、独りよがりの傲慢な人になってしまいます。

誰の助けも借りずに一人で生きていると自慢しても、そんなことは自慢にならないばかりか、周囲に「何も知らずにいい気なものだ」とニヤリとされるのがオチです。

それより、**たくさん助けてもらって生きていることを、しみじみと味わったほうが、ずっと豊かな人生になります。**

○チャンスは、ピンチの顔をしてやってくる

自分ではどうすることもできない状態に自分がなった時、私たちはどんな過程を経て、その状態を受けいれられるようになるのか……。多くの患者の心の過程を分析し、その後ホスピスをはじめとする多くの医療の現場で多大な貢献をした研究成果に、女医のキューブラー・ロスが提唱したモデルがあります。

第一段階は否認――こんな病気になるはずがない、誤診に違いないと否定する時期

第二段階は怒り――なぜ他人ではなく自分がこんな病気になったのかという不条理や不可解を怒りとして周囲にぶつける時期

第三段階は取引――なぜこんな病気になったのか、あれがいけなかったのか、これがいけなかったのかと辻褄《つじつま》合わせをし、病気を治すために何かにすがろうとする時期

第四段階は抑鬱――なす術もなくあきらめ、気力がなくなる時期

第五段階が受容――自分の病気や死を受けいれる時期

前述の通り、ロスのモデルは多くの医療現場で活用されていますが、これを医療従事者の間だけが知っているのでは、じつにもったいないと思います。

不治に限らず病気になった時に、右の心の過程を知っていれば自分が今、どの段階にあるのか分析するのに役立ちます。

私の場合、できればいきなり第五段階へ進みたいと思っています。そうすることで、今何をすべきなのかが見えてくるからです。

どうしてこんな病気になったのかと辻褄合わせをしたり、「これをしますから病気を直してください」と取引したりするより、早々に病気を受けいれてどんな治療をすればいいのか、病気の間どのように有意義に過ごすのかを考えたいと思うのです。

蛇足ですが、第三段階にいる人は、カルト教団も含め、宗教の世界に足を踏み入れることが少なくありません。これは病気だけでなく、貧しさや裁判などの争議でも同じことで、新しく台頭する宗教は〝貧病争〟の渦中にいる人をターゲットにする傾向があります。

こうした信仰形態は、貧困・病気・争議を解決してくれるナニモノかを本尊にします。つまり、自分のご都合の裏返しを神や本尊として拝んでいるのです。

仏教の苦への対処法である「自分のご都合通りにならないことをご都合通りにしようとしない心を養う」とは逆です。

病気になってしまった時でも「心を磨くチャレンジだ」と思えたらいいですね。

○仏さまが「今のあなたでいい」と言っている

自分自身を否定する人がいます。その理由は多岐にわたるでしょう。親や会社の期待に応えられない、得体の知れない〝一般常識〟や〝普通〟という枠からはみ出してしまった……とわかったようなことを書いていますが、私も自己肯定と自己否定の間を行きつ戻りつしているジグザグ人生の真っ只中。

めげた心で暮らしていると、不思議に目にとまるのが〝ありのままの自分を認めよう〟や〝あなたはあなたのままでいい〟などの言葉。思わず「そうだよね。それしかないよね」とうなずきたくなりますが、薄っぺらな解釈をするとかえって逆効果です。浅薄な解釈をすると、周囲の期待に応えなくていい、裏切っても何するものぞ、常識破りでOK、悲劇の主人公で注目を引いて何が悪いと開きなおるのがオチです。

それでは相変わらずお先真っ暗で、心おだやかではいられません。

〝ありのままの自分を認めよう〟や〝あなたはあなたのままでいい〟は仏教語では如《によ》実知自心《じっちじしん》（実の如く自分の心を知る）です。真実の自分の心は仏と同じく素晴らしいものであることを知りなさい、それが悟りなのだとします。

残念ながら、自分の心が仏と同じだという心の世界は、理屈で考えても到達できません。そこで修行が必要になります。

その修行の第一歩が、自らの無明を自覚すること。私ってまだまだな、私って駄目だなと、自分の心にまだ明りが届いていない領域があることを自覚するのです。

そのための短い文章が懺悔《さんげ》文《もん》。

我昔所造諸悪業《がしゃくしょぞうしょあくごう》（私が昔から造ってきた諸々の悪い行いは）、

皆由無始貪瞋癡《かいゆむしとんじんち》（始めもわからぬ以前から、貪《むさぼ》りと怒りと愚かさがもとになって）、

従身語意之所生《じゅうしんごいししょしょう》（体でやること、口で言う言葉、心で思うことになって表れてしまいます）、

一切我今皆懺悔《いっさいがこんかいさんげ》（それらのすべてを、私は今、仏さまの前で自覚します）。

〝ありのままの自分を認めよう〟とは、弱い自分を自覚し、それを何とかしたいと思っている自分を認めようということです。

弱いからこそ、それを自覚して強くなろうと努力するからいいのです。

〝あなたはあなたのままでいい〟は、「できない自分を自覚して、できるようにしようとしているあなたでいい」と言っているのです。本書を手に取るくらいの向上心を持っているあなたなら、今のあなたのままでいいのです。

4章

比べない、責めない、引きずらない

○「負けた」のではなく「自分はまだまだだな」

私たちは人と比べると自分の立ち位置がわかります。この時、自分より下の人を軽蔑するのは、ものごとがわかっていない証拠。

自分より劣っている者を軽蔑するということは、同時に自分より優れている者から軽蔑されるということだからです。下ばかり見て有頂天になれば、天狗は芸の行きどまり。それ以上進歩しません。自分より下の人には、上に登れるように梯子を用意し、手を差しのべるのが立派な大人の態度というもの。

豊富な知識、卓越した技術、そして人格など、下を見てもきりがありませんが、上を見ても星の数ほどすぐれた人がいます。「こりゃ、とてもかなわない。負けた。トホホホホ」と、犬なら股のあいだに尻尾をくるりとはさみ、すたこらさっさと逃げだしたくなるすごい人もいるものです。しかし、そんな時逃げだす人の多くは、下を見ては軽蔑し、あるいは自分の立ち位置に安住している人でしょう。

ぞっとするほどすごい人の中には、立派な大人も多いもの。こちらに向けて手を差しのべ、あるいはこちらの場所までおりてきて、背中を押してくれる人もいます。

遠慮なく、その人に近づけるように、用意された階段を一足一足登ればいいのです。
私が三十代のころ、この人みたいになりたいと思ったお二人に出会いました。
それ以前にも素晴らしい人に出会っていたはずですが、若い私には気づく力がなかったのです。

時は人を待つという言葉があります。いくらあがいても、時が満ちないと、人との出会いはめぐってきません。

二人のうち一人はお坊さん。いつでも生き生きと活動的な方でした。伝統的な法要に関する知識も豊富で、書道の達人。話の内容も仏教を身近な話題で解きあかし、「お寺は仏教のテーマパーク」という言葉を私の心に植えつけてくれた人でした。お酒も大好きでしたが、礼儀をわきまえつつ、それでいて誰と会っても臆することがない自信に満ちた先輩でした。

もう一人はユーモアにあふれ、人間的にあたたかいベテランアナウンサー。言葉は人を傷つけない、傷つけるのは自分の心が相手を傷つけるのだから、心を磨いておけば何を言っても大丈夫と、自信を持って私の手を引いてくれました。

お二人とも幽明界《ゆうめいさかい》を異《こと》に（死別）されましたが、私は今でも「まだまだ」と思いつつ、二人が用意してくれた梯子を登り続けています。

○世の中には、四種類の人間がいる

よく「あの人は自分に甘く、他人に厳しいね」とか「あの人は他人には甘いけど、自分にも甘いからねぇ」などと言います。これを整理すると、世の中には次の四種類の人がいることになります。

①自分に甘く、他人にも甘い人。②自分に甘く、他人には厳しい人。③自分に厳しく、他人に甘い人。④自分に厳しく、他人にも厳しい人。

人はどうあるべきか順位をつけるとしたら、私の場合③の自分に厳しく、他人には甘い人が理想のトップ。最下位は②の自分に甘いくせに他人には厳しい人。ところが二位、三位で思案しました。①の自分にも他人にも甘い人と、④の自分にも他人にも厳しい人では、どちらが理想だろう……。

そこで家内に聞いてみると、二位は自他ともに厳しい人、三位が自他ともに甘い人という返事でした（ということは、家内の中では、現在の私は情けないことに、三位ということです）。

この順位は人によって異なるかもしれないと思ったので、仲間に「もし上司にするならどの順番がいい？」と聞きました。面白いことにトップに来るのは、他人にはどうあれ、自分に厳しい人でした。で、最下位は、他人にはどうあれ、己に甘い人が上司は嫌だという結果。

条件を理想の上司ではなく、友人にしたい、恋人にしたいなどに変えれば違う結果になるでしょう。いわんや、「で、あなた自身は何番ですか」と聞けば、面白い相関関係が見られるでしょう。とりあえず私は〝自分に厳しく、他人に甘い人〟を目指していますが、あなたは何番でしょう。

仲間に答えを聞きながら、仏教の立場なら〝甘い〟の代わりに〝優しい（慈悲）〟にしたほうがいいだろうと思いつきました。ちなみに慈悲とは「他に楽を与え、苦しみを抜く」ことです。

①自分にも他人にも優しい人。②自分に優しく、他人に厳しい人。③自分に厳しく、他人に優しい人。④自分にも他人にも厳しい人――です。

こうなれば、自他共に上位を占めるのは、自分はどうあれ、〝他人に優しい人〟でしょう。**他人に対して優しいことは、とても大切なことです。**特に他人の弱点と思えるような「甘さ」や「弱さ」には優しく、寛容になりたいと思います。

〝優しい〟バージョンなら、今のあなたは何番ですか。そして、何番を目指しますか。

○迷惑なのは〝お互いさま〟

私はお寺で生まれ育ったので、母は私に「人に迷惑をかけないように」と再三言っていました。私が人さまに迷惑をかければ「お寺の子なのに」と言われるのは私だけではありません。母や住職である父が指差されることになります。

教師や警察官、弁護士など、人としてあるべき道を説く者が、身内から不届き者を出せば世間が黙っていません。

「何だ、あんなえらそうなことを言っておいて、灯台もと暗しだ」と揶揄《やゆ》されることになり、当事者だけでなく、その職業全体の信頼を失うことになりかねません。だから、人の迷惑になるか判断できない子供のうちから厳しく育てられるのです。職業だけでなく地域や親族の人間関係が濃ければ、こうしたことはいずこも同じ。いわゆる〝恥の文化〟の一つの現れです。

この「人に迷惑をかけるな」にがんじがらめになって、やりたいこともできずにムシャクシャしていたある時、私は「人に迷惑をかけなければ何をしてもいいのか」と母に詰め寄りました。「いいわよ」との母の言葉に「しめた」と喜んだのも束の間、やはり思いきったことができません。

そして、ついに「迷惑かどうかを決めるのは私ではなく、相手が決める問題なのだ」と気づいたのです。

自分では迷惑ではないだろうと思っても、相手が迷惑だと思えば迷惑です。

逆に自分は迷惑だと思って遠慮しても、相手は「ちっとも迷惑だなんて思っていませんよ」と返事が返ってくることもよくある話です。

迷惑かどうかの判断は、相手が全権を持っているのです。

では、どうすればいいのか……。仏教ではこう考えます。人は持ちつ持たれつ、互いに依存しあい、助けあうことで生きています。相互扶助、お互いさまの関係です。

あなたが何かする時、それが迷惑かどうかは相手が判断します。

反対にあなたが何かされた時に迷惑と思うかは、あなた次第。もし迷惑だと思っても、お互いさまなのですから、迷惑をかけられても気にしない心を作っていくのです。

私は〝自分が迷惑でも相手の役に立てるならそれでいい〟と思うようにしています。

ただし、人の迷惑をまったく顧みない相手には通常の「いいですよ。困った時はお互いさまです」の後に、迷惑の一語を入れた、次のひと言を加えます。

「世の中、迷惑をかけるも、かけられるも、お互いさまですからね」

○「どちらが得か」に迷うのは、とても損なこと

「損得という言葉は経済だけで使う言葉。それ以外で使えば嫌な人になりますよ」とことあるごとに言い、書いてきました。

私は僧侶なので、お金を稼ぐために物を作ることもなく、営業することもありません。だから「損得なんて言葉を人生にあてはめちゃいけません」ときれいごとを言います。それは、お金について損得を言っていると、そのうちに損得が生活、人生全般にわたる価値基準になってしまわないか心配だからです。

他人のために何かやることを損だと考える人はたくさんいます。自治会の役職や、仲間の集まりの幹事になることさえ、まず損か得かで判断します。誰かがやらなければならないと納得してひき受けても、「それにしても面倒だ」と口をへの字にまげて、積極的にやってみようという気がなかなか起きません。

損得勘定で動く人とつき合いたいと思う人はいませんから、世の中を損得の両輪だけで進めば、いつか孤立することになります。

年を取って、ひとりぼっちになってから気づいても後の祭り。

だから、**なるべく若いうちに「お金以外に損得の言葉を使うのをやめよう」と軌道修正したほうがいい**と思うのです。

私が損得の軌道修正をしたのは三十歳くらいでした。お金に関してさえ「損得」を意識的に口にしないようにしたのです。A店よりB店が安ければ「A店で買うのは損だ」の代わりに「A店で買うとお金がもったいない」と言いました。

おかげで、自分の時間を誰かのために費やしても、何かやっていい結果が出なくても「損した」と思わなくなりました。

『大日経』の中に「方便《ほうべん》を究竟《くきょう》となす」という言葉があります。悟りへの手段（方便）がじつは悟りという目標（究竟）そのものであるという意味です。

私の目標は心を大きくしていくことです。しかし、何かをした結果、心が大きくなるわけではありません。心を大きくしていくためにしていること自体が、すでに心を大きくしていることだと言うのです。そのように意識しているおかげで、価値感に損得のフィルターをかけたとたん、心の膨張率にブレーキがかかるのがわかります。

いくらこう申し上げても、損得依存症の人は「本当はそうありたいですけどね」と踏ん切りがつかないでしょう。そこで、あえて「損得」を使って申し上げます。

「どちらが得か」と損得で迷うのは、あなたの心にとって損なのですと。

○あの人に嫌われている……では、あなたはどう思っている?

幼稚園でおままごとをすると、お父さんやお母さん役より、ペット役になりたい子が多いそうです。ペットなら無条件でみんなから愛されるからというのがその理由。しかし、どんなに可愛い犬や猫でも、噛まれる恐怖を持つ人、毛がつくから嫌だと触らない人はたくさんいます。いわんや、好き嫌いがある人と接している私たち、ですから誰からも好かれることは、まずありえません。

自分のことを好きな人もいれば、嫌いな人もいます。何とも思っていない人もいます。当たり前のことです。いくら愛想のいい人でも、八方美人と非難されることはあります。どんなに誠実な人でも、何か裏があると疑いの眼で見る人はいます。

それでも、人間は皆から好かれたいと思う動物なのかもしれません。赤ちゃんは笑うことで大人に好意を持ってもらい、自分に危害が及ばないようにしていると聞いたことがあります。大人から好かれれば、気持ちよく過ごすことができます。

〝笑顔に向ける刃《やいば》なし〟の通り、自分のことを好いてくれる人なら、間違っても危害を及ぼす危険性はありません。

しかし、好かれることだけに精力を注いでいると、本来の自分ではなく、好かれる自分を演じてクタクタになってしまいます。

特に〝好かれたい〟が、〝嫌われたくない〟の裏返しの場合はやっかい。学生時代の女子の中に、そんな子が何人かいた気がします。

好かれたいという思いから、好かれなくても嫌われなければいい、さらに嫌われてもかまわないと思えるようになる過程は、他からの評価を抜きにした自己肯定の過程とシンクロしています。仏教では、自分が仏さまと変わらない性質を持っていると気づいて自己を大肯定せよと説きます。

仮に嫌われても気にすることはありません。その人はあなたを全否定するに足る材料は持っていません。あなたのよさに気づく懐の深さがないだけなのです。

本書を手にしているあなたなら、自分の善し悪しを見つめようとする勇気を持っている人でしょう。

そんなあなたに申し上げます。世の中に、あなた以上にあなたの嫌なところを知っている人はいません。それでも人に嫌われたくない人にお勧めの方法を一つ。

それは、あなたがみんなを好きになってしまうこと。**あなたが人からどう思われるかではなく、あなたが人をどう思うかのほうが、ずっと大切なのです。**

○他人の視線を気にする前にすべきこと

友人の少ないことがコンプレックスな人ほど、自分がたくさんの人と映っている写真を頻繁にSNSなどにアップするそうです。

友達を作るのは簡単そうで難しいもの。こちらから無理に友達になろうとすれば、媚を売るような態度になります。相手からすれば異常な親しみで近づいてくるので、かえって遠ざけたくなります。

友達を無理に作ろうとせずに、ありのままの自分で接するしかありません。ありのままの自分を出したら、誰も友達になってくれないと思うなら、自己改造の絶好のチャンス。ありのままの自分に何か悪いところがあるのでしょうから、そこを直せばいいのです。自分でも好きな自分になればいいのです。

中には、友達がいない、寂しいのではと、周りから思われるのが気になる人もいるそうで……。困ったことです。実際に友達が少なく、寂しい人ならば、右のように解消すればいいでしょう。気の合いそうな人が集まる場所へ行って、心を開いて接すればいいのです。媚びてまで友達になろうとする必要はありません。

自分の主張などはどこかに置いて、相手だけに関心を持ち、相手の話を全力で聞いて、感じたことを言えばいいのです。自分の考えなど言わなくていいのです。

どんな人でも、自分はこんな人間だと思う第一の自分がいます。そして、他人が思っている第二の私がいます。「私ってこういう人間だと思う」が第一の自分。「うっそーっ！　それは、間違っても、ない！」という他人からの見方が第二の自分です。

そのギャップを埋める作業をして出てくるのが第三の自分です。

右でご紹介した手法はこれです。心を開いて「私はこういう人間です」と接し、相手の「あなたのこんなところが苦手です」という思いを察して、新しい自分を作っていく作業です。仏教の修行では、この三つのステップを一人の中でやっていきます。自己を見つめるとはそういうことです。

問題は、寂しい人だと思われるのが気になる人。自分に友達がいないことでもなく、自分が寂しいことでもなく、人からそう思われていることが気になるのです。こうなるとかなり重症。第一の「友達がいないと思っている自分・寂しいと感じている自分」が欠落していて、他人からの第二の自分しか自分を判断する材料がありません。

これでは、まるで自分のことを他人に「やってください」と言っているようなものです。**他人の目を気にする前に、自分自身にもっと気を使ったほうがいいですよ。**

○みんな「自分のこと」で精一杯なのです

私には、気になる人が二人います。

一人は自分のことしか話題にしません。何人かで話していると、その人と関係ない話題の最中でも、隣の人に「今の話ですけどね、私の場合は……」と話しかけます。しっかり仕事はしていますが、自分がやっていること、関係したことを誰かに言いたくて仕方がないのです。

結果として、人の話にはあまり興味を持ちません。人より自分を優先する人です。

もう一人は、自分のことを他人が見ているかどうかが気になって、何人かで話をしていて自分が話し終わると、他の人の注意が自分に向いているか確かめるように周囲をチラ見する人。いくらチラ見しても、会話はすでに次の話題に移っているので、誰もその人を見ません。誰も見ていないのがわかると、つまらなそうな顔をします。誰かが話をしていても、おもむろに自分のカバンの中身をチェックしたり、部屋の中を見まわしたりします。

この人もやはり、自分を優先する人なのだと思います。

私はどんな人でも、自分を中心にものごとを見て、判断して、行動していると思います。否、それしかできないだろうと思うのです。

どうするか、どう思うかは自分以外に決められる人はいません。

いくら人のためでも、人のためだと思うのは他ならぬ自分です。

どんなに身を捨てて献身的につくす人でも、「この人のために何かしてあげたい」の主語は〝私が〟です。誰かに「この人のために何かしてあげなさい」という場合も、この人のために何かしてあげなければと思っているのは〝私〟です。

このような心の表れとして周りの世界を見ることを、仏教では唯識《ゆいしき》といいます。

人は誰でも自分を中心にしか考えられませんし、行動できません。

その意味で、**誰でも自分のことで精一杯なのです。少しも悪いことではないのです。**

問題なのは、自分中心ではなく、考えや配慮を他に向けずに、自分のことしか考えない自分優先でしょう。

自分を他より優先すれば、人との関わりの中で生きなければならない世の中では、行きづまりが多くなります。

人の話に興味を持って（持てないなら自分の感性がにぶっているのです）、人からどう見られているかなんて心配しないで、和の心を大切にしていきましょう。

○「何事もなかった日」こそ、最高の一日

「あーあ。今日は何も面白いことがなかった。つまらない一日だった。世の中には今日もたくさん楽しいことや面白いことがあったはずなのに、そんな楽しいことと無縁の一日を過ごすとは、何とつまらないことだろう」なんて思うのは、感性がにぶっている証拠です。

朝食の料理に腕をふるうのも楽しいものです。歩いている時に、手が届く範囲の木の幹に触り、葉っぱを撫でるのもいいものです。通勤、通学の途中でマンウォッチングすれば飽きることはありません。仕事や勉強も、新しい工夫をしようとすれば新鮮な気分になれます。夕方や夜の散歩は、昼間とは違った景色を見せてくれます。

夕方の街を歩けば、家々の夕餉《ゆうげ》の匂いが翌日のわが家のメニューを教えてくれます。月明かりや街灯でできる自分の影を見て歩くのも、子供心に返ったようで愉快です。

新刊本だけでなく、昔読んで面白かった本を再読するのも一興です。レンタルビデオ店で興味のあるものを借りてきて観ることもできます。

疲れた身体でお風呂に入れば「極楽、極楽」と思わず声が漏れることでしょう。

このように、何気ない一日の中に私たちの心をなごませ、驚かせ、愉快にしてくれるものがたくさんあります。

それらに触れるだけでも、その日は最高の一日になります。禅語の〝日々是好日《にちにちこれこうじつ》〟は、覚えておいたほうがいい言葉です。

仏教では比べることを勧めません。自分の幸、不幸は絶対評価で感じるもので、誰かと比べて自分が幸せだとか、不幸だと考えるのは、あてにならない相対評価だからです。

それにもかかわらず、自分と他人を比べて、自分のほうがましだと喜び、安心する人がいます。そんな人は、何もいいことがなかった、つまらないと思った日に、悪いことが起こった人と比べればいいでしょう。

比べられた人が知ったら怒るでしょうが、仕事やプライベートで最悪の一日を送った人に比べれば、何もなかった日はよい日です。**つまらない日などありません。**

私は「つまらない」が口から出そうになった時は、**「つまらないと言いたくなるのは、自分の心のフィルターがつまって、風通しが悪くなっているからではないか」**と考えるようにしています。

ひょっとして、「つまらない」が口グセになっていませんか。

○人の成功を喜べますか？

〝人の失敗蜜の味、人の成功嫉妬の種〟なんて言葉はありませんが、私たちはついつい人の失敗を心の中で喜び、人の成功を嫉妬することがあるもの。

その時に「なんて自分はちっぽけな人間なのだ」と気づけばいいのですが、蜜の味に我を忘れ、嫉妬が心を占領し、金太郎飴のようにどこを切っても嫉妬しか出てこなくなると、どうもいけません。悪魔が、自分が悪魔なのを忘れているようなものです。

できれば、人の成功は「よかったねぇ」とわがことのように素直に喜びたいものです。ところが、なかなかそうはいきません。

素直に喜ぶ心を邪魔しているものは、いったい何だろう……。私は自分の心の問題を解決しようと考えました。

自分が成功したいと努力しているのに、先を越されたから？　これは、一等賞になった人を、同じレースに出た人が嫉妬しているようなものです。つまり順位を問題にしているためです。何着になろうと、自分は自分のゴールに向かって走ればそれでいいと腹をくくるしかありません。

自分一人が成功して注目を集めたいのに、別の成功者が出てしまうと注目が分散してしまうから？　これでは、親の愛情が一心に注がれていた一人っ子に、妹弟が生まれて愛が独り占めできなくなったとワガママになる子供と一緒。親の愛情や人の注目は、分裂する細胞のようなものです。対象が二つになったからといって、それで愛情や注目度が半分になることはありません。三人の子供の父親としてそう思います。

成功した人が、自分よりいい暮らしをするから？　たとえば、学生時代の仲間が成功をおさめた場合です。違った道を進んでいるのですから相手が成功しても、利害関係のない自分に影響はありません。それにもかかわらず、うらやましい思いが先に来て喜べないとしたら、じつに困ったことです。

懲《こ》りもせずに、他人と比べるので素直に喜べないのです。

他人と比べてしか自分の位置を確認できなければ、何を見ても聞いても妬むか、傲慢になるかのいずれかです。妬みと傲慢の間を延々と往復する振り子のようなものです。

他人と比べないで生きる練習をしましょう。

私の場合、練習期間は三年でした。

「わっ、また比べてる」「ぎゃっ、また比べようとしている」と何百回も気づけば、やがて心の振り子は止まります。そして、人の成功を心から喜べるようになります。

○「怒りのスイッチ」を探せ

自分が何に対して怒りやすいのか知っておくことは、とても大切です。仏教では怒らないことを一つの徳目にしますが、私の経験では怒らないことよりも、怒りたくなる対象を知るほうが大切だと思うくらいです。

仏教で怒ってはいけませんというのは、そのもとに「自分のご都合通りにならない」というワガママが潜んでいることが往々にしてあるから。そして心を乱す感情だからです。さらに、怒り（仏教では瞋《しん》）は、欲望のままに振る舞う放逸《ほういつ》、心の集中を失う散乱《さんらん》、危害を加えようとする忿《ふん》、人の弱点を攻撃する悩《のう》、相手を傷つける害《がい》などの煩悩を次々に発生させるからです。

とはいえ、怒りを抑えることは難しいものです。私が四十代まで怒っていたのは、具体的には二つのこと。

一つは公の場所にゴミを捨てる人たちでした。歩きながら道路にゴミを捨てたり、車からポイとゴミを外へ捨てる人たち。「持って帰れ！　誰が掃除すると思っているのだ」と心の中はぐつぐつ煮え返っていました。いわば沸騰状態です。今では、前を歩いている人がゴミを歩道に捨てれば、拾って自分のポケットに入れます。「誰が掃除すると思っているのだ」というかつての疑問が、私の中で「誰かが掃除するなんて誰も考えていないのだ。ならば、仕方がない」と解決したからです。

もう一つは、未だにかなり沸点が低くて無関心でいられない食事の仕方。膝を組んで食事をする人。臂《ひじ》をついて食事をする人、くちゃくちゃ音をたてて食べる人。中にはこの三つすべて備えている人もいて、そんな人が傍にいたら、たとえ私が食事中でも、すぐにその場から離れます。だからと言って、私の食べ方が丁寧な訳ではありませんので、何かの縁で私と食事する時に期待はしないでください。

後は社会的な不正義を除いて、日常生活の中で怒りのスイッチが入ることはあまりありません。だいたいは怒りの沸点手前の「おいおい、お前さん大丈夫かい？」とニッコリして相手を心配しているレベルでしょう。

あなたが怒るのはどんなことですか。それを知っておくのは、心がおだやかでいられるためにとても大切です。

そして、あなたが怒っている事象を何とも思っていない人に、平気でいられる理由を聞いてみるといいですよ。聞けば、あなたも簡単に、怒りを鎮められるかもしれません。そうすると、心を乱すことが一つ少なくなります。

○「うらやましい」と思える人に出会ったら

この人にはかなわないと、思わず白旗をあげてすごすごと退散したくなるようなすごい人が世の中にはいるもの。そのすごさは、一％の才能と九十九％の努力のたまものと言われても、その一％が大きいのですと恐縮し、あるいは努力できるのも才能のうちですと、毎度のことながらの及び腰。

ここまで差が歴然としていれば、人の才能をうらやましがることもありません。

私は伝統的な仏教讃歌のご詠歌を一般の方々に教えています。その素朴な旋律で宗教的情念の世界に直接足を踏み入れることができます。テンポは子守唄と同じ、一分間に四十三拍くらい。人の心をおだやかにする仏教が採用する歌と、赤ちゃんの心をおだやかにして寝かしつける子守唄が同じテンポになるのは当然のことでしょう。

加えて、一曲の中にさまざまな特殊な歌唱法が細かく指定されています。

その一つに、アタリと呼ばれる一瞬声がひっくり返る技術があります。

沖縄地方の島歌で多用されるグイン、民謡のカエシ、ヨーデルでも使われる世界でも珍しい発声です（ネットで検索すると試聴もできます）。

ご詠歌の魅力にひかれる人は少なくありません。私が一緒にご詠歌をやっているご婦人もその一人。彼女は「私はもともと才能がないので、人の十倍練習しないと駄目なんです」と半年間猛練習します。

その甲斐があって大会で見事に一位を獲得しました。すると彼女が言いました。

「一度の優勝は偶然、二度はまぐれ、三度優勝して初めて実力があると言えるんです。だから私は連続三回優勝を目指します」

まったく恐れ入ったひたむきさです。もとよりご詠歌は信仰の歌声なので、順位をつけられるものではありません。上手なご詠歌よりいいご詠歌を唱えるべきなのです。しかし、正直なところ、彼女が半年鍛練を重ねたご詠歌を、才能のある唱え手は五分で唱えられるようになります。残念ながらその差は歴然としています。

人には生まれ持った才能もありますが、眠っている才能もあります。その才能をよびさますのに一番いい方法は、やはり努力でしょう。

そして次に、**うらやましい才能を持っている人にアドバイスを受けること**です。それがきっかけで、あなたの才能が開花するかもしれません。

少なくとも、人の才能をうらやんでいるだけでは、あなたの才能は開花せず、蕾《つぼみ》のままです。さあ、チャレンジしてください。

○〝私の物〟ではなく〝授かり物〟と考えよう

中学で初めて英語の〝私〟の格変化を習った時、所有代名詞の mine があることにショックを受けました。

〝私の物〟を意味する言葉が一つの単語として存在することが、日本語を母国語にしている私にとって驚きだったのです。

中学生といえば、欲しい物が山のようにある年齢。無い物ねだりの欲がムクムクと頭を持ち上げて、見る物聞く物手当たり次第〝私の物〟にしたい物欲、所有欲に悩まされる時期でした。

それはまるで、か弱い張りぼてのような自分を補強するために、さまざまな物をペタペタと貼りたいと願っているかのようでした。

では、私たちが最初に〝私の物〟にしたのは何だったでしょう。思いつくのは名前。ここでつけられた名前は、後の人生で自分を表します。日本には本名を他人に知られないように〝隠し名〟の文化があります（今でもペンネーム、ハンドルネームなどで使われていますね）。それほど本名は〝自分の物〟なのです。

自分の意志とは関係なくつけられたのは名前ですが、自分の意志で最初に〝自分の物〟にしたくなるのは〝親〟かもしれません。

親が自分以外の子供を可愛がると、やきもちを焼くのはそのためでしょう。

こうして、私たちはたくさんの物を〝私の物〟としてペタペタと自分に貼って大きくしていきます。物だけでなく、知識、技術、財産、地位、名誉、人とのつながりなども自分の物にして、強い自分をつくり上げていきます。

まだ自分が貼っていない物で、素敵に、強そうに、きれいに見える物、貼ったら得をしそうな物も手当たり次第欲しくなります。

自分の外側に貼ったのと同じ物を他人が貼っていると不愉快になります。

そんな物は欲しがらないほうがいいでしょう。

必要なのは、外側ではなく内側に貼れて自分を強くする類です。仏教が説く智恵や行動力、慈悲の実践力などは、張りぼての中身を強くしていく物です。

そうそう、私たちが名前以前に〝私の物〟にしている物がありました。それはこの命。何の補強もいらない素晴らしい命を、私たちは最初から手にしています。

しかし、**日本人はこの命さえ〝私の物〟でなく授かり物と考える文化があります。〝私の物〟という意識は、捨ててしまったほうが楽に生きられるのかもしれません。**

○嫉妬を感じるのは、「自分が今、幸せではないから」

人の感情の中に嫉妬というやっかいなものがあります。この心が芽生えると、どうにも心おだやかではいられません。

仏教の中で唯識《ゆいしき》と呼ばれる学派では、こうした心おだやかでいられなくなる感情や考えを煩悩と呼び、細密な研究がなされました。私もこの煩悩をどう処理していくのかについては『煩悩力』（PHP研究所）で書きました。

仏教の煩悩研究の中で、嫉妬は〝嫉《しつ》〟。六つの根本の煩悩から派生する二十の煩悩の一つとして数えられています。

ちなみに根本の六つは、貪《とん》（生存への執着）・瞋《じん》（怒ること）・痴《ち》（無明・事理に暗いこと）・慢《まん》（人に対する優越意識）・疑《ぎ》（仏道に入るのを躊躇すること）・悪見《あっけん》（誤った見解）です。

嫉はいわゆる妬みのこと。他人の地位、成功、財産、技術、知識などを妬んで、邪魔したくなる気持ちのことです。

ここでも「比べる」ことがキーワード。自分の持っている物で満足すればいいのに、他の人が持っている物と比べてしまうから自分が苦しみます。

他人の成功などを邪魔して、(やはり比べて)自分より下にしたくなる――こんな〝比較の悪循環〟の特性を持つのが嫉。やっかいな煩悩です。

ところが、日本語の嫉妬になると、愛情に関する意味が入ってきます。

愛は、仏教の煩悩研究では別個に扱わない項目です。悪い点もあるけれど、人のことを思って慈しみ、許し、包み込むなどのよい点もあるからでしょう。

ところが愛情がらみの嫉妬になれば、心おだやかではありません。

『大辞林』では「人の愛情が他に向けられるのを憎むこと。またその気持ち。男女間の感情についていう。やきもち。悋気《りんき》」とあります。

本来自分に向かうべき愛が他に向けられると起こる感情が嫉妬。幸いなことにここ数十年、私はこの意味で嫉妬をした覚えがありません。充分に愛され(注意を向けられ)ていると思っていますし、私に気を使うよりもっと注意を向けるべき人がいるのではないかと他人を心配するくらいで、およそ嫉妬には縁がありません。

いずれにせよ、人をうらやんだ時も、自分への愛情が他に向けられるゆえの嫉妬の感情が起きた時も、**「私は今、幸せではないのだな。だから比べたがるのだな」**と分析する冷静さは持ちたいもの。そうすることで、幸せの糸口が見つかります。

○競争社会から一歩離れると見えてくるもの

貧しい老夫婦がせめていい新年を迎えようと、笠を編んで、おじいさんが年の瀬の町に売りに出かけます。年末で雪という悪天候なので、ほとんど売れずに帰路につきますが、道端の六地蔵が雪の中で寒そうです。

おじいさんは、残っていた六つの笠をお地蔵さまにかぶせて帰宅。それを聞いておばあさんは「よいことをなさった」と喜びました。夜も更けて寝ていると、外でシャンシャンと音がして、玄関前でドスンドスンと音がします。

あわてて玄関をあけてみると、家の前にはヤマと積まれた米や衣類。見ると遠くに六人のお地蔵さまが、錫杖をシャンシャンと鳴らしながら帰っていく姿が見えます。

ご存じの『笠地蔵』の話です。

この中で登場する六人のお地蔵さまは、六つの世界でそれぞれ活躍している仏さま。六つの世界（六道）は、苦しみばかりの地獄世界、自分のことしか考えない輩《やから》だらけの餓鬼世界、誰もが本能だけで生きている畜生世界、勝ち負けだけが問題になる修羅世界、喜びもあるけれど苦しみも多い私たちの人間世界、そして寿命も楽しみも人間の何万倍もある帝釈天《たいしやく》や韋駄天《いだ》などが住む天上世界。

私たちは迷っている間はこの六つの世界の中を生まれ変わり、死に変わらなければならないとされています。

しかし、現実的に考えれば、私たちは生きている間に、この六つの世界を行ったり来たりしているようなものです。この苦しみはいつまで続くだろうと思えば地獄にいるのと同じこと、ワガママを言えば餓鬼道に足を踏み入れることになり、本能に支配されれば畜生と変わりありません。

競争社会に身を置いて、勝ち負けばかりを気にしていれば修羅の巷《ちまた》にさまよっているのと同じこと。時々人間らしいことをしたり、天にも昇る気持ちになったりします。

しかし、ありがたいことに仏教の世界は競争（修羅）社会ではありません。

僧侶になって（出家して）からの年数、あるいは履修した修行によっての序列は、勝ち負けを表したものではありません。自分の煩悩を、よい生き方につなげていくのにどれだけ修業したかを表す一個人内の階位です。

競争社会の現在の世の中、そこから一歩離れると、他と比較しない自分の本来の姿が見えてきます。

だから、仏教では世間から離れた価値観を持てというのです。

〇〝喧嘩〟なんて、つまらない

宮沢賢治の『雨ニモマケズ』の中に「北に喧嘩や訴訟があれば、つまらないからやめろと言い」（原文はカタカナと漢字）とあります。

一方、インドの神話では、戦いに明け暮れる阿修羅は仏教の教えに触れて、帝釈天との争いを「バカバカしいから、俺はやめた。やりたければ、帝釈さま、一人でやってなさい」と勝手に中止します。残された帝釈天はきっと「えっ？　何？　何？」とあっけに取られたことでしょう。

まことに、喧嘩や訴訟などの争いごとは、一歩離れてみれば、いったい何の意味があるのか「つまらないからやめよう」と言いたくなるものばかり。

しかし、互いにメンツをかけて自分の主張をゆずらなければ、結果がどうあれ、どちらかが遺恨を抱く結果になります。

昭和の時代までは、喧嘩があると仲裁役が登場したものでした。時代劇なら「まあ、お待ちください。お互い言い分はあるでしょうが、ここはひとつ私に免じて、刀を鞘《さや》におさめていただきたい」と双方の意見を聞き、互いのメンツを潰さないように解決する人物です。現在では、裁判所に所属する調停委員が、公的にこの職にあたっています。最近の結婚式では仲人（媒酌人）を立てなくなりましたが、仲人は、その意味で大切な役目を果たしていました。私は、自分が仲人をした夫婦に「喧嘩をしたら、まず私のところへ。そのための仲人だから」と伝えてあります。私は、離婚率の増加と仲人不在の結婚増加の間には、密接な関係があるとひそかに思っているのです。

また、仲のよい恋人や夫婦に会うと「喧嘩はしないのですか」と聞くことにしています。するとどちらか一方が「この人といくら喧嘩しようと思っても、相手にしてくれなくて喧嘩にならないんですよ」と笑顔でおっしゃいます。

私は「これは、これは、ごちそうさまです」とお礼を言います。

「そのうちに、どうでもよくなっちゃって。ねっ！」と相手の顔を見つめます。

争いごとは、一人ではできません。争いを挑む人と受ける人がいて成り立ちます。最初は挑むほうがかっかしているだけですが、売られた喧嘩を買えば双方とも熱くなります。ですから、挑まれた方は、冷静なうちに「この争いごとは無駄ではないか、無意味ではないか」と判断したほうがいいです。

それでも巻き込まれたら、仲裁役を探しましょう。

つまらぬ喧嘩は、どちらが勝ってもバカを看板にしているようなものです。

○うぬぼれない、ひけらかさない、自慢しない

自分がやったことを自分で満足すれば、それはそれで「これにて一件落着、一丁あがり」とばかりに区切りがつきます。ところが、自分のやるべきことの中に〝やったことを人に知らしめ、認められる〟までが付属していると、面倒な事態になります。

本来なら、自分で満足したところで終了なので、心機一転、新鮮な気持ちで次のことに取りかかればいいのです。ところが、うぬぼれて、他人にひけらかしたくなれば、まだ仕事は終わっていません。まるで、残務整理をしているようなものです。

この残務整理は、他人の評価が気になるゆえの、余計でやっかいな仕事です。

じつは、私がやっていることも似たようなものだと思うことがあります。

平成の時代になって、僧侶やお寺がより積極的に社会に関わるべきだという流れが、お寺や僧侶との縁が切れてしまっている都市部の人たちを中心に生まれてきました。「寺や僧侶は何をしているのだ」という声が持ち上がったのです。昭和三十三年、東京生まれの私は、年齢的にも地域的にもその声に応える条件が揃っていました。そこで、三十代のころから現在に至るまで、お寺を仏教のテーマパークにしようと悪戦苦

闘、お寺に来ない人には仏教の出前をしようと四苦八苦（本の執筆もその一環です）、ホームページを作り、ブログを書くのに千辛万苦《せんしんばんく》。

と、右のようなことを書くこと自体が、私のやったこと、やっていることにうぬぼれて、ひけらかしているのではないかと思うことがあるのです。

もともと仏教は、一般社会の価値観から離れて、心静かに自分を見つめて悟りに至ろうとします。ですから、寺や僧侶は社会と隔絶していていいという考え方が仏教側にあります。〝お寺も僧侶もけっこうやってますよ〟と人に知らせ、認めてもらうための言動は、残務整理のようなものではないかと思うのです。

しかし、寺はもっと積極的に開放し、僧侶も寺で待っていないで、どんどん外に出るべきと思う僧侶は着実に増え、皆さんの役に立つようになってきた気がします。

だから、この流れはこのままでいいと思います。

それにしても思うのは、自分のやったことを自慢し、ひけらかしたくなるなら、その前に、自分がしたことの裏側にどれほど多くの人の助けがあったことかを考えるべきでしょう。

今日一日をとって見ても、自分がやったことより、やってもらったことのほうが、圧倒的に多いのですから。

○人生がうまくいく秘訣は「お金」より「人格」

金は天下の回りもの。いつ回ってくるかは、時の運。回ってきても自分の所に留まることはなく、多くは私たちの前を素通りします。他人の所に留まると悔しいかもしれませんが、そこにも留まり続けませんから、うらやましがることはありません。

五欲は、見たい、聞きたい、嗅ぎたい、食べたい、触りたいの五つ。この五欲を満たすために、お金が大きな力を発揮するのは確かです。

『仏遺教経《ぶつゆいきょうぎょう》』に「五欲」について書かれてあります。

お経には、生きるために必要な五感（眼・耳・鼻・舌・身）がもとになっている五欲は、うまくコントロールしないとその被害は、〝身をほろぼし、悪名を広げ、時には一時にとどまらず、代々まで及ぶことになる〟と記されています。

五欲の主は私たちの心。この心の作用は、時として毒蛇や猛獣よりも恐ろしく、燃えさかる火よりも強いものです。

ワガママには習慣性があって、野放しにすればその害は際限がありません。だから、〝あなたのワガママな欲を抑えることを後回しにしてはいけません〟とも書かれています。あなたも、金銭面のワガママな欲をなるべく早く、コントロールしたほうがいいです。

人前で、「いくら損した、得した」なんて、言わないほうがいいです。

そんなことを言えば、人は「この人はお金に振り回されている」、「お金のためなら何をするかわからない」と、せっかく築いてきた信頼を失うことになりかねません。

お金がなければ工夫すればいいのです。すべての小銭を手もとで貯金しておくのもいいし、ポイントカードの有効活用もいいでしょう。買った食品は駄目になる前に使い切るのは当たり前。

日本人の美徳である〝もったいない〟精神は、貧乏神が最も苦手とするところ。〝もったいない〟生活は、結果的に貧乏神を追い出してくれます。

「貧《ひん》すれば鈍《どん》す」は、貧乏すると苦労が多くなるので、才知が鈍ったり、品性が下落するという意味。

なるほど、世の中には貧乏ゆえの生活だけに振り回されて品性が乏しくなる人がいます。しかし、お金持ちの中にもそれを鼻にかける品性のない人も大勢います。

人生を上手に生きていくには、運より才覚。才覚より人格です。

その人格を養うために、お金を有効に使い、なければないで工夫をしましょう。

5章

人生をシンプルに変えるヒント

○「考えたこと」でなく「感じたこと」を言えばいい

ある奥さんとの会話。

「住職さん、今度人前で話さなくてはいけないのですが、人前で話すのが苦手で、言いたいことが言えないんです。どうすればいいですか」

「え？　人前で話すのが苦手なんですか。どうも人間離れしてると思っていたけど、やはりご主人は人じゃなかったんですか。だからご主人とは話せるんですね」

「また、そういう冗談を……」

家族や友人たちとの日常会話で苦労する人はいないでしょう。話すということに対して、作り、構え、えらぶる必要がないからです。

月に何十回も人前で話す機会がある私を、話のプロだと思っている檀家さんがいます。私は拝むほうはプロですが、話のプロではありません。ですから、それなりに苦労をしているのです。

今でも、大勢の前で話をする時に、人の目を見られないことがあります。いわゆる〝正面を切る〟ことができないのですが、話をする時は〝目で話す〟を意識するようにしています。もちろん、人の頭をメロンと思うような失礼な考えは持ちません。羞恥心を捨てるために大道で大声でしゃべるというバカなこともしません。

あまり親しくない人たちと会話をする会議や、宴会で大切なタイミングは三つ。**①言ってはいけない時。黙っていなくてはいけない時。②言っても言わなくてもいい時。③言わなければならない時。黙っていてはいけない時**です。

このタイミングを見極めるのはとても難しいので、私はこれでよく失敗します。言ってはいけない時に言い、どちらでもよい時にやたらとしゃべり、言わなくてはいけない時に発言しないので、周り（主に家族）から顰蹙《ひんしゅく》を買うことになります。

このタイミングを無意識に察知して、言いたいことを言うために必要なのは、全力で人の話を聞くことだと思います。

自分も何か言わなければと考えながら聞くのは御法度。

どうしても言わなければならない時は、その時に考えたことではなく、感じたことを言えばいいのです。

言いたいことが言えないと気になる人は、自分は人の話を全力で聞いているだろうか、感じることより考えることを優先しているのではないかと気にしたほうがいいです。経験上、そのほうが早く、言いたいことが言えるようになります。

○会話の基本はただ一つ、「誠実であること」

ラジオを聞いている人の顔が見え、空気感を感じながら放送したいと、日本で初めてサテライトスタジオから放送をしたのはニッポン放送の元アナウンサー村上正行さん（大正十三年生、平成十七年没）。

私の父が村上さんの番組に出演していたことがきっかけで、私が住職をしているお寺で「話し方」の勉強会をしてもらうなど、とても可愛がってもらいました。

村上さんが教えてくれた話し方の極意は、今でも私の宝物です。

「話し方はキャッチボールです。で、キャッチボールの基本は何かと言えば、相手の受けとりやすい球を投げること。剛速球や変化球なんて投げなくていいんですよ」——相手が身構えないと聞けない話し方は、日常会話ではルール違反です。

「話し方の基本は、作るな・気取るな・えらぶるなです」——祝賀会などで主賓クラスのスピーチにつまらないものが多いのはこのためです。

人前でしゃべらなくてはならないというだけで、普段のしゃべりと違って、自分を作り、気取り、えらぶってしまうものです。

「えー、本日はまことに」なんていったら、この基本からはずれたということ。

「えー」なんて言わずに、普段通りに「今日は本当に」と言えば、相手は素直に聞いてくれます。

「話すと〝離す〟〝放す〟は同じ語源です。何を放すかといえば自分の思っていることです。自分の心を相手に向かって放つのが〝話す〟なんです。ですから、**放して相手を傷つけるような自分の心を持っていちゃいけない。心をいつも磨いておくんです**」

仏教徒の戒に、不妄語《ふもうご》（嘘をつかない）、不綺語《ふきご》（きれいごとを言わない）、不悪口《ふあっく》（乱暴な言葉は使わない）、不両舌《ふりょうぜつ》（二枚舌を使わない、悪口は言わない）がありますが、これは誠実な話し方をしなさいと言っているのと同じです。

村上さんが教えてくれた〝話しのキャッチボール〟も、〝作るな・気取るな・えらぶるな〟も、〝安心して放せる心〟も、裏を返せば**誠実な心を身につけて、誠実に伝えさえすればいいということ。**

これだけでも注意して三年過ごすと、しゃべり方が変わってきます。

たとえうまく話せなくても、相手に心地よく、きれいに伝わります。

うまく話せなくても、心と言葉の誠実さが一番なのです。

○意見する時は、「言葉の順番」に気をつける

人は強く思っていることを最後に言いたくなるそうです。

恋人のセリフで、「お前ってバカだなあ。でも好きだよ」は、好きだと言いたいのです。これが逆なら大変。「好きだよ。それにしてもお前ってバカだな」なら別れ話に発展します。

仕事でもプライベートでも、激動の一週間が過ぎて「まったく今週は色々なことがあったな。でも、これが人生だ」ならば、いいことも悪いことも一週間丸ごと受けいれている人の言葉。順序が反対になった「人生色々あるけど、それにしてもこの一週間はすさまじかった」は翻弄されてクタクタになった人の愚痴です。

この心理は言うほうだけでなく、聞く側にとっても同じこと。最後に言われたことが心に残ります。

「あの人は口の利き方は乱暴ですが、本当は優しいんです」と言われれば、優しいイメージが残ります。これが逆で「あの人は優しいんですがね、口が悪いんです」と言われれば、相手にする時に気をつけようと思います。

親、教師、上司はこうした心理を利用して人を育てます。

「おもちゃは片づけないけど、好き嫌いなく何でも食べてえらいね」「勉強はできないけど、友達思いだな」「仕事はまだまだだけど、挨拶は社内で一番だ」という具合です。

言われたほうは嬉しくなって、前半部分も素直に受けとめて、おもちゃを片づけるようになり、勉強するようになり、仕事に精を出すという仕組みです。

これを作為的にやっている人もいますが、本当に心の優しい人は自然にできています。私のように、まだ作為的にもいい言葉を最後に言えずに、相手をガッカリさせ、怒らせている人間は、よほど性根が曲がっているのでしょう。とほほ……です。

そんな私でも、**人を励まし同調する言葉を自然に発する人の言葉を聞くと、真似してみようと思います。**仏さまも、きっとそんな言い方をするだろうと思うからです。

そこで、私がチャレンジしているのは、悪いことを最後に言ってしまったら、その後にもう一度フォローする作業。

「あなたは人に甘いけど、自分にも甘いよね。ああ、でも、何だねぇ、厳しくすればいいってものでもないよね」——この「ああ、でも、何だねぇ」という〝取って付けた感〟を、早くなくしたいと願っています。

○夜は、静かに過ごす

私は、人類が猿の先祖と分化して直立歩行するようになって、それまでの樹上生活から草原へと生活の場を広めたという進化論の話が好きです。仏教徒として精神生活を向上させるにしても、太古の人類の記憶、生物としての人類の本能などの知識を土台にしたほうが自分を納得させやすいからです。

ですから、家族に「少しはジョギングして体を動かしたほうがいいよ」と言われると「えーとね。動物が走るのは餌を捕るか、自分が餌にならないために逃げる時だけだから」と家から出ようとしません。

その調子なので、人は昼間働き、夜はゆっくり休むものだと思っています。それは夜行性でない動物の本能だと思うのです。なるべくならそれに逆らわないほうが自然に生きていけるでしょう。

仏教では、出家者の生活の中で夜についてあまり説いていません。漆黒の闇を自らの心の無明にたとえ、月の光を心の暗闇を照らす智恵にたとえるくらいです。

基本的に、夜は休むのが当たり前だったからでしょう。

昔から夜は、人間以外の魔物たちが徘徊する時間だと考えられてきました。俗信の〝夜、口笛を吹いてはいけない〟は、潜んでいる魔物をひき寄せてしまうという素朴な恐怖心によるものでしょう。そのために夜は外出しないのが当たり前なのです。

さらに、夜は昼間体を動かして疲れた（気が枯れた）状態を、回復させる大切な役割があります。少量のアルコールも役に立ちます。

明りの持つ力を再確認できるのも夜ならではのこと。

昼間の光でなく、夜ならではのイルミネーションや花火、ほのかな明りはいいものです。夜は美しいものをより美しく見せる効果があると言われます。

二十四時間稼働のお店が当たり前の、このマスコミ、ネット社会では、何もしないでのんびり過ごすことをもったいないと感じる人がいるかもしれません。

しかし、昼間は仕事、夜は遊びでは心身ともに活発に動いてしまうのでクールダウンの時間がありません。**昼間、あわただしく動いている人は、夜は対極の静かな時間を過ごしたほうが、心身のバランスが取れます。頑張ったら休むのと同じことです。**

一年のさまざまな行事を節目にして生きている人は、だらだらと生きていないので、一年が充実しています。そのような節目の基本が、一日の中の昼と夜、動と静の時間のメリハリをつけることなのです。夜は、静かに過ごしてみませんか。

〇〝好き嫌い〟を減らすヒント

人の好き嫌いがはっきりしている人は、食べ物の好き嫌いも多いのではないかと思ったのは、小学校のPTAの役員をしていた時のことでした。「私って人の好き嫌いがはっきりしてるの」と語尾まではっきりおっしゃるお母さんたちと一緒にご飯を食べると、「あれは食べられない。これも無理」と食べ物の好き嫌いを言う人が多かったのです。

その時の、「人や食べ物の好き嫌いがあるのは当たり前、そのどこが悪いの？」とでも言いたげな態度は如何《いかが》かと思いました。わが子には好き嫌いなく食べなさいといっている母親がこれでは、さぞかし子供は大変だろうと思いました。「好き嫌いをしてはいけません」「だってお母さんだって食べない物があるじゃないか」「いいの。人は人、自分は自分よ」なんて、前途有望なわが子の人生街道をデコボコ道にしてしまう〝自分勝手〟の勧めをしている親は多そうです。

食べ物を好き嫌いなく食べるのは、栄養バランスや食生活の豊かさにつながります。同様に、人の好き嫌いがないほうが、人間関係のバランスがよくなり、人生の深みが増すでしょう。それがわかっていても人の好き嫌いが多い人は、**「自分は好き嫌いが多くてワガママだ」と気にするより、嫌いな人との共通点を探せばいい**のです。

同じ世代、同じ地域の住人、同じ会社の社員、悩みある者同士、同じ日に生きている者同士など、共通点はたくさんあるはず。

それに気づけば嫌悪数値はかなり下がります。

もう一つ、食と心の関係で気がついたのは、「メシを喰う」という表現。「メシでも喰おう」と食事をする人の多くが、あまり行儀よく食べない印象があります。

食事は生きる上で基本です。その食事に対する乱暴な言葉や態度は、粗野な人生、粗雑な人間関係に通じる気がするのです。

お寺で子供たちを集めて食事をする時に、全員で次の言葉を言います。

食前の言葉——一粒の米にも万人の力が加わっています。一滴の水にも天地の恵みがこもっています。ありがたくいただきます。

食後の言葉——み仏と大勢の人々の恵みにより、おいしくいただきました。体を養い、心を正しくして、あらゆる恵みに感謝します。ごちそうさまでした。

仏教徒でないなら、右の食後の言葉の「み仏と」はカットしてもOK。小さな声でもいいですから、言ってみませんか。

○丁寧な生き方は、「気にしない力」を磨く

三十七歳で二人のお子さんがいる編集者と話をしていた時のこと、彼が「最近、もっと丁寧に生きたいって思うんですよ」と言います。

丁寧に生きるという言葉を聞いたのは、十五年ぶりくらいでした。十五年前の私は「丁寧に生きる」のはいいことだと、思っただけでスルー。以来一生懸命、我武者羅《がむしゃら》に生きてきたというのが実感です。

そこであらためて丁寧に生きるとはどういうことかを、犬の散歩中、入浴中、写経中など、時間があれば考えました。

辞書で調べると、〝丁寧〟は「昔の中国の軍隊で警戒や注意の知らせのために用いた楽器」。そこから「注意深く念入りであること。細かい点にまで注意の行き届いていること」。さらに、「動作や言葉づかいが礼儀正しく、心がこもっていることを表す」とあります――うーん、わかったようでわからない。

言動が礼儀正しく、心がこもっているのが丁寧なのはわかりますが、どうすれば丁寧になれるかが書いてありません。当たり前です。辞書にはそこまで書いてありませ

ん。そこから先は、人それぞれが考えることです。

丁寧な文章を書く、丁寧に本を読み込む、丁寧に仕事をする、丁寧に話し、丁寧に食事し、丁寧に入浴する……。

丁寧と慎重とは似ているようでニュアンスが異なります。こうした丁寧さの土台には、いったい何が必要なのでしょう。

今のところ、私の結論は「あることに対して、いとおしさやかけがえのなさを感じなければ、丁寧にはなれない」ということです。丁寧な文章を書くには、読者のことをいとおしく思い、かけがえのない縁をもらっているのだと感じる必要があります。

ここまで考えて私は唖然としました。この十五年間、私は丁寧に生きようと思っていませんでした。

つまり、私はただ一生懸命で我武者羅だっただけで、自分のやっていることにいとおしさも感じなければ、かけがえのなさも感じていなかったということになります。

あなたは今、どんな生き方をしていますか。一生懸命？　無我夢中？　我武者羅？　何となく？　仕方なく？——丁寧な生き方について、少し意識してみませんか。

いとおしさやかけがえのなさを感じ、丁寧な生き方をしていると、クヨクヨ、イライラした気持ちは、いつの間にか雲散霧消していきます。

○「お金への不安」の正体を知る

テレビなどの街頭インタビューで「今一番欲しいものは？」の質問の答えで一番多いのは「お金」です。私はこの答えを聞くたびに、ドッヒャーッ！　と思います。

私なら「心の安定」か「しあわせ」と答えるでしょう。まあ、人それぞれ欲しい物は違っていて当たり前ですが、それにしても一番欲しい物が、何かするための手段でしかないお金というのは気になります。

それはまるで、高い場所にある物が欲しい人に「今何が欲しいですか」と聞いたら「梯子です」と答えているようなものだと思うのです。

手段を手に入れることが目標になってしまえば、それに翻弄されることになります。

お坊さんで言えば、悟りが目標なのに、毎日髪を剃ることばかりに夢中になるようなものです。どのカミソリが一番いいのか研究し、剃った後のヒリヒリを和らげるにはどんなクリームがいいのか調合し、「ああ、今日はきれいに剃れて、ヒリヒリ感もなくて爽快だ」と満足しているようなもの。

悟りという目標がどこかへ消えてしまっていることに気づきません。

仏教では、そうしたことがないように、財産は持たないほうがいいと考えます。持っていれば多くため込もうと躍起になり、それに執着し始めるのが人間だということを知っているからです。

お金に話を戻しましょう。お金は生きる上の手段として必要です。

お金を使って（使わないと意味がありません）何をするかといえば、食べ物、着る物、住む所を確保するためでしょう。衣食住のため、生きていくために必要なのです。

ですから、誰かが住む所を無料で提供してくれて、食べ物も衣類も頂戴できれば、基本的にお金は必要ありません。

おっと、一つ忘れていけないのは、税金を払うために必要ですね。「えっ？　お坊さんも税金払うの？」と思われる方がいるかもしれませんが、お坊さん個人は、皆さんと同じように税金をおさめています。私も完全月給制。ただし、お寺の境内や建物の固定資産税、全額お寺の会計に入る皆さんからのお布施は非課税です。

お金は生きるために必要な衣食住を確保するために必要なものです。衣食住が欠ければ生きていけません。別の言い方をすれば、お金がなくて衣食住が確保できない状況になれば、これもまた運命だと潔く死を覚悟するしかないと思います。そうならないように、私たちはお互いさまで税金をおさめ、助け合っているのだと思うのです。

○情報の〝暴飲暴食〟をやめよう

情報化社会になって、私が困っていることがあります。それを象徴するのが「えっ、知らないの？　有名だよ」の定型句。年下の人からは「え、知らないんですか。有名ですよ」と敬語で言われますが、主張したいのは「我知る、汝知らず」で同じことのようです。私も二十代の生意気なころによく言っていたので、よけいこの言葉が気になるのでしょう。

幸いなことに、私の「知らないんですか」に対して、当時は「へぇ、そうなんだ。知らなかったよ」と、きれいにスルーしてくれる方々ばかりでした。おかげで私の鼻は四十歳くらいまで高くなり続けた気がします。後になって、高い鼻は折れやすいこと、鼻高々の天狗のお面は裏から見たら穴だらけなことに気づくのです。

知っていることよりも、知らないことのほうが多いのが私たち。自分が知っているからといって「知らないの？」と人を小バカにするような発言は、高慢、傲慢、小生意気、不遜、猪口才《ちょこざい》、高姿勢の謗《そし》りを免れません。

それにしても、〝知るは楽しみなり〟の言葉の通り、現代は知的好奇心のある人にとっては天国のような楽しい社会です。

図書館へ行かなくても人に聞かなくても、ネットで検索すれば知りたい情報（それが確かなものかは別にして）をほとんど得ることができます。駅へ行けば仕事、グルメ、住宅関連のフリーペーパーがたくさん置かれています。

私もわからないことがあると、すぐに調べたくなる部類。私の場合は広く浅くですが、狭いながらも知識をより深く探求するのは楽しいものです。

仏教でも、お坊さんは自分の宗派だけでなく、仏教の基本となる奈良・平安の仏教の概要を広く勉強することが勧められています。〝八宗兼学《はっしゅうけんがく》〟と呼ばれます。

しかし、仏教は、実践があって初めて仏教になり得ます。いくら知識を増やしても、それらをもとに悟りへの道を具体的に歩まなければ意味がありません。ともすれば、知ることの楽しさ、情報の暴飲暴食におちいってしまうので、お坊さんたちは実践行の大切さを胆に銘じています。自分を高め、いざという時に人の役に立てるように、たくさんの知識を総動員して〝知恵〟として結実させようと心がけているのです。

知識は私たちがよりよく生きるための手段でしかありません。

どんなことでもそうですが、目的をおろそかにして、手段ばかりに気を取られないように気をつけたいものです。

○「大きな応援」でなくても、「小さな応援」で充分

昔から、人の苦しみを放っておけない、何とかしてあげたいと思う人はたくさんいたでしょう。

日本では、平成十年にNPO法が施行され、人助けの団体が法的に認められ、税制上の優遇が受けられるようになってから、こうした活動が活発になりました。行政の手がまわらない部分に、自分たちの信念に基づいて手をさしのべる活動をする団体が増えたのです。

あなたの周りにも、実際にボランティアをしている人がいらっしゃるでしょう。

ボランティア募集の呼びかけに応じて小さな応援をすると、その活動の精神性の高さ、具体性、仲間意識の深まりや広がりはとても魅力的なことに気づきます。そこで、自分でも団体を立ち上げ、より多くの人に、より細かいケアをして大きな応援をしてあげたいと考える人たちが出ます。手伝いの一人として小さな応援をしていた自分が、ボランティア団体の責任者になって、より大きな応援ができるようになります。

困っている人、苦しんでいる人を助けられる社会は理想郷です。だからと言って、

だれでも人助けをしなければならないと考える必要はありません。心身が弱く疲労しているのに誰かを助ければ、自分が助けを必要とする立場になってしまうこともあります。大きな応援にこだわる必要はなく、小さな応援でいいのです。

三十五歳で悟りを開いたお釈迦さまをはじめとして、仏教の各宗の祖師たちは、苦しんでいる人たちを救済するために、さまざまな教えを説きました。

これも一つの応援活動です。

お釈迦さまから教えを受けて苦しみから解放された人がいるとします。この人にとって、お釈迦さまは大きな応援をしたことになります。

しかし、お釈迦さまはその人につきそって、教えを説き続けることはできないので、次の悩み苦しんでいる人のところへ向かいます。

一人に教えを説くことは、お釈迦さまにしてみれば小さな応援です。いくら頑張って説法しても、一人の人間ができることはたかが知れています。そこで弟子たちを育て、弟子にも活動してもらい、より多くの人を救済しようとしました。

このように、**あなたの応援の大小は相手が判断する問題です。**

応援する側が「小さな応援しかできないで申し訳ない」なんて、気にしなくてもいいのです。

○苦手な人とは「できるだけ距離を置く」

自分のお寺のことだけでなく、青年僧侶の集まりやPTAなどに多く参加するようになって、人づき合いが増えると同時に、苦手な人が増えた時期がありました。

こちらの苦手意識は相手にも通じますから、関係がギクシャクします。

しかし、苦手な人たちともつき合っていかなければなりません。困ったな、嫌だなと思う日々が多くなって、どうにかしたいと思いました。

相手をどうにかしたいと思ったのではありません。苦手意識を持っている自分自身をどうにかしようと思ったのです。

考えあぐねていたある日、**「人が苦手なのではなく、その人が備えている属性とか特性のようなものが苦手なのだ」**と気づきました。三十代後半のことです。

ふり返ってみれば「罪を憎んで人を憎まず」は昔から知っている言葉でした。しかし、これは犯罪についての言葉だと思っていました。

私はこの言葉の中の〝罪〟を〝自分が否としているもの〟に置き換えただけなのです。〝自分が否としているものを憎んで、人を憎まず〟です。

苦手だと思っている人が備えている「(私にとって)困る」属性の正体は何なのか──。人の気持ちがわからない、わかろうとしない、意地悪、四角四面の真面目さ、自分への甘さと人への厳しさ、やるべきことをやらない、だらしないなど。

「あの人のこういうところが苦手だ」と言えれば、それがあなたの苦手にしているものの正体です。それは自分の中にも潜んでいる属性かもしれません。他人はそれをわかりやすく目の前で見せてくれるので、必要以上に敏感になることがよくあります。

現実的な私の対処法は、苦手な属性を持っている人と距離を置くことです。

密教には、多くの仏さまの慈悲と私たちの慈悲の心がどのようにつながっているかを、回路図のように示した胎蔵界曼荼羅《まんだら》が伝わっています。この中で、鬼神や餓鬼たちは最も外側に配置されています。

ここから、**「悪しき属性は、自分の心から離れたところに置けばいい」**と思うようになったのです。

同時に、他の人が見せてくれた、自分にも潜む悪しき属性を修整する作業もしなくてはなりません。自分で意識していなかったものを、他の人が明け透けに開示してくれたのですから、「嗚呼《ああ》、私にもああいうところがあるんだよなぁ。やはりまずいよなぁ」と気づいて、自分を磨くチャンスに変えてください。

○電話、メール、SNS……つながりすぎない

唱歌♪一年生になったら♪（まどみちお作詞・山本直純作曲）は、小学生になったら友達が百人できるかな、たくさん友達を作りたいという夢のある楽しい歌。一年生になったら、友達とおにぎりを食べ、仲間と走り回り、友人と笑いたいと歌います。

震災以後、日本復興のキーワードの〝絆〟に通じる内容です。

だれかとつながっていないと不安で仕方がないのは、人間が社会的な生き物だからでしょう。二人で分け合えば苦しみは半分に、楽しさは倍になるとも言われます。友人は財産でしょう。

私は中学時代に「友人は財産なのです。ですから貪欲にため込もうとするのをお許しいただきたいのです」という外国の言葉に感動して以来、気が置けない友人をたくさん作ろうとしました。私はきっと寂しがり屋なのです。おかげで顔が思いだせる方々へ五百通を超える年賀状を出しています。

しかし、知り合った人がすべて友達になるわけではありません。メル友やSNS友達は単なる知り合いか、知り合いの知り合いが多いものです。

友達の友達は、あなたにとって他人。自分を裏切らない友達でもなければ、裏切ってはいけない友達でもありません。ここを勘違いすると、友達という得体《えたい》の知れない烏《う》合《ごう》の衆に翻弄され、クタクタになり、裏切られ、中傷され、傷つくことになります。

ネットのコミュニティ内の友達は、限定されたことに関してだけ共感、同調できる人。それ以上でも以下でもありません。無条件で信頼できる友達とは思わないほうがいいでしょう。そもそも、本当の友達でさえ周囲の状況が変化すれば、裏切り、裏切られることがあるのが世の常です。

『新明解国語辞典』で絆を調べると、**①家族相互の間にごく自然に生じる愛着の念や、親しく交わっている人同士の間に生じる断ち難い一体感。②何らかのきっかけで生じた、今まで比較的疎遠であった者同士の必然的な結び付き**——とあります。

ところが、漢和辞典の『漢字源』を見ると、絆には一つもいい意味がありません。

（名）馬の足にからめてしばるひも。また、人を束縛する義理、人情などのたとえ。

（動）つなぐ。しばって自由に行動できなくする。

つまり、絆は注意しないとあなたをしばるのです。寂しさを埋めるために、必要以上に絆を求めて人とつながりすぎると、心の自由がなくなっていきます。**つながらなくても生きていける、しなやかで芯のある心をあなたは持っていますか。**

○「でも」「だって」「しかし」……この一言をこらえよう

お経を写すことを写経《しゃきょう》といいます。心が落ちついて、自分のことが見えてくる、一人で行なう修行です。これと別に仏さまの姿をトレースする写仏《しゃぶつ》という修行があります。毎回異なった仏さまを描けるので、飽き性の人にはお勧めです。

お寺で写仏の会を始めてから、下絵探しにも心をさくようになりました。緻密な下絵だけでなく、可愛らしい下絵も探しました。ある時、観光地の売店で子供のおみやげ用の袋に可愛いお地蔵さまのイラストが印刷されているのを見つけました。

このイラストを少しアレンジして、いつの間にかフリーハンドで、それも三十秒ほどで可愛いお地蔵さまを描けるようになりました。

これで私の仏教を広める活動は飛躍的に広がることになりました。深い意味の言葉をハガキに筆で書くだけでなく、そこにイラストのお地蔵さまが加わると、ずっとやわらかい印象になります。

「幼稚と若さを勘違いしちゃいけません」「損得なんて言葉を人生にあてはめちゃいけません」「余生、余った人生なんてありません」「この先今日より若い日はありません」「自分から光る宝石はありません。みんな外からの光が内部で乱反射するんです。でも磨いておかないと光れません」など、約百二十種類の言葉にお地蔵さまをすべて手書きします。ありがたいことに、毎年五百枚ほどが全国に散っていきます。

この言葉を見た友人が「名取さんの選ぶ言葉って否定形が多いですね」と言いました。言われた私はピキピキピキと凍りつきました。

言われてみればその通り。右のように、否定形が目立ちます。

否定形の言葉はインパクト充分ですが、トゲもあります。**言葉は肯定形のほうが、人の心に入りやすい**ことを知っているので、あわてたのです。

これと同様のことが、日常会話の中にもあります。

こうありたいと思っているのにできない時に口から出るのが〝でも〟〝だって〟〝しかし〟などの否定の接続詞。現実が理想のようにいかない場合に頻出します。

できない理由、やらない理由を述べる直前にも使われます。

ところがポジティブな人は、逆に理想の形に近づけようとする時に使います。**「現実はこうだ。でも（だって、しかし）、本当はこうあるべきでしょ。だったらやりましょうよ。やらせてくださいよ」**。こういう否定形はいいですね。

否定形を多用する人は、前向きな人生になるように参考になさってください。

○感情と表情の取り扱い方

物心ついてから三十年くらい、私は「怒っているの？」とよく言われました。普通にしているのに、です。

言われた私の戸惑いをよそに家族は「要は無愛想なんだよ」とつれない言葉。最初のうちは「仏頂面といわれるように、仏さまだって無愛想だぞ」と開きなおっていました。感受性欠損による私の仏頂面と、自己の内面を見つめ瞑想をしている仏さまの表情とでは、蛇と牛くらい違います（このたとえは、同じ水を飲んでも蛇は毒液に、牛は牛乳にするという仏教の話をもとにしています）。

表情は心の窓。楽しければ笑い、苦しければつらい顔になり、悩みがあれば暗い表情になります。つまらなければ無愛想な顔になるでしょう。

喜怒哀楽の感情を素直に表情に出す子供たちは、その点わかりやすくていいです。大人はそれを素直で無邪気でいいと笑って許します。

大人の世界では、素直な感情表現は〝露骨な感情表現〟として敬遠されるので、感情を素直に出せる子供をうらやましく思うのかもしれません。

大人の感情表現も、その人の人間性の豊かさに通じます。

乗車直前に電車のドアが閉まって自ら苦笑し、周囲に照れ笑いを見せるのもお人柄、チェッと舌打ちするのもお人柄。自分と利害関係のないところで喜怒哀楽の表情を見せる人は、他の人からすればわかりやすく、扱いやすいと言えます。

ところが、利害関係のある相手に対して露骨に嫌悪の表情を出す人は、円滑な人間関係を保つのが大変です。恋人や夫婦で相手と別れたければ、「あなたなんか嫌い」と三日間言い続ければいいそうです。露骨ゆえに三日で関係が壊れるのです。

もし人間関係を損なうのが気になるなら、露骨に嫌な顔をしない訓練をしたほうがいいでしょう。自分の心に嘘をつくのは嫌だとワガママを言ってはいけません。

格言に**「嘘はないほうがいい。だからと言って本当のことを言わなくてもいい」**があります。自分に嘘をついて笑顔にならなくてもいいのです。だからと言って本心の嫌な顔を見せなくてもいいのです。

社会の中で、人間関係を損なうことを気にするよりも、私なら、〝好き嫌いがある自分の心〟のほうを気にします。**みんなを好きになれたほうが、ずっと素敵な人生になる**からです。仏教の仏さまは好き嫌いをしません。無縁（特定の縁を持たない絶対平等）の境地で、私たちに接してくださいます。

○「持たない暮らし」が、人生を好転させる

国文学の教授をしている大先輩のお坊さんに「食事は心配しなくていい無人島へ行くことになって、一つだけ何か持参できるとしたら、先生は何を持っていきますか」と聞いたことがあります。

答えは三省堂発行の『新明解国語辞典』でした。以来、私もすぐに手の届くところに置いてあります。

ユニークな解説では他に類を見ないこの辞書は、たとえば【やぼ用】〔研究・仕事とか趣味・遊びのように、それなりに有意義な用向きと違って〕この世のつきあいの上から果たさねばならぬ用事。法事に出席するなど。——とあります。法事で拝んでお布施をいただいている身としては心おだやかでない用例です。

他にも【公僕】は「〔権力を行使するのではなく〕国民に奉仕する者としての公務員の総称。〔ただし実情は、理想とは程遠い〕」とあります。

まったく傑作です。無人島へ持っていきたくなるのもわかります。

さて、僧侶にはさまざまな呼び名がありますが、その中に〝方丈《ほうじょう》〟があります。約

三メートル四方の庵《いおり》に住んでいるという意味です。持ち物も托鉢用の鉢と、数枚の衣があればいいと、いたって質素。さすがに現代ではそうはいきませんが、やはり物を持たない暮らしのほうが気軽で、気楽でしょう。

〝持っている〟という物質的な欲求を満足させる利点よりも、持たない暮らしのほうが、はるかに精神的な解放感が味わえる気がします。「持たない暮らし」が人生を好転させてくれると思うのです。

私たちが暮らしていくのに必要な物は、そう多くないでしょう。それ以外はなくてもいい物、余計な物とする考え方は、心のすみにおいて、時々物を整理するといいと思います。

私がもう一つ思うのは、私たちが暮らしていく上でこれさえわかっていれば大丈夫という心のあり方についてです。さまざまな人に対応するには仏教の八万四千の多くの教えが必要になりますが、一人用であれば、そう多くはいらないでしょう。

私の場合は、本書の底流にもなっている三つでいいと思っています。

自己肯定感・物事への関心・変化を楽しむ心の三つです。あなたが大切にしたい物や心のあり方も、数えてみると思ったより少ないことに気づくでしょう。そこから**余計なものを捨てていけば、人生がごろんごろんと好転していく**と思うのです。

○あぶないのは、自信過剰の安請け合い

親しい人やその親が亡くなったと訃報を受けて、押っ取り刀で駆けつけた弔問の場で言うべき言葉の一つに「お手伝いできることがあったらおっしゃってください」があります。

当家にとってこれから迎えるお通夜やお葬式は一大事。家族だけで取り仕切ることはできません。友人への連絡や、受付、弔辞は言うに及ばず、最近では故人を偲ぶアルバムの製作など、葬儀屋さんに任せてしまってはもったいない、こまごまとした、それでいて大切なことがたくさんあります。

自分がやれることはやらせてもらおう、それが心ばかりの恩返しになれば、役に立つならありがたい――そう思って手伝わせてもらったことが何度もありました。

俗にいえば人情です。葬儀の場だけでなく、頼まれたことをひき受けるのも人情。仮にうまくいかなくても、精一杯やれば「お役に立てずに申し訳ありませんでした」で許されます。人を許し、許されるのも人情だからです。

あぶないのは、自信過剰の安請け合い。自分ではやったことがないのに、自分なら

できるだろうと「任せてください」なんて気安く言わないほうがいいですよ。

私はこの種の安請け合いをしたために、眠れぬ夜を何度過ごしたかわかりません。結果的に大勢の人に迷惑をかけ、やっと一仕事終えても達成感など微塵もありません。

残ったのは、自信過剰の裏に潜んでいた、自分にできなかったという自己嫌悪と、迷惑をかけた皆さんに申し訳ないという罪悪感でした。

もう一つ危険なのは、自分の株を上げるための安請け合い。自己顕示を含めた、損得の欲のからんだ安請け合いです。

この場合、目的は事を成し遂げるのでなく、自分の株を上げることですから、どこかにずるさが出てしまいます。周囲はそれを敏感に察知するので、その人の手をひき背中を押す気にはならないでしょう。

幸いなことに、私はこの手の安請け合いはしたことはないので、村八分になったことはありませんが、自己顕示の安請け合いをしたために、その後仲間が去ってしまった人を何人か知っています。

何かをひき受けそうになった時、人の役に立てるのか、ご恩返しになるのか、人情なのか、自信過剰ではないか、欲がからんでいないかを確認できるまでは**「少し考えさせてください」と勇気を出して言いたい**と思います。

○無理に「白黒」つけなくてもいい

八万四千あると言われるお経の中で、わずか三百文字たらずの『般若心経』は最も読誦され、写経されているお経の一つでしょう。読誦すればゆっくりで約四分、早く読めば四十秒くらい。写経すれば初心者で九十分、馴れた人なら四十分ほどです。

前半では、すべてのものは縁の集合体なので固有の実体はなく変化し続けるという空《くう》の大原則が説かれます。中段では、空を体得して心がおだやかに生きるための智恵（般若波羅蜜多《はんにゃはらみた》）の重要性を説き、最後にその智恵を得るための呪文が示されます。

この前半部分で、生と滅、垢と浄、増と減の三組の対立した概念を、「そんなものは実体としてあるわけではないのです」と否定します（詳しくは拙著『般若心経　心の大そうじ』〈三笠書房・知的生きかた文庫〉を参考にしてください）。

それほど、私たちはさまざまなことをわかりやすく二極化し、結果として迷い、悩んでしまいます。

これは右の三組だけでなく、総じて対立した概念すべてに言えることです。

世の中には勝ちもなければ、負けもありません。競技の世界では「技術で勝って、勝負に負ける」ことはよくあるもの。戦争に真の勝者はいません。

ところが勝ち負けがあると思っている人は、勝つことばかり考え、負けることを恐れます。勝てば傲慢になり、負ければ相手を憎むことさえあります。いずれにせよ、心はおだやかではありません。

損と得、正と誤、多と少、善と悪なども同じことです。どこが境目かは、時に従い、事に左右され、人によって異なります。今の自分が損をし、正しく、多くを持ち、善なることをしていると思っても、時代、価値観、地域が変化すれば、簡単にひっくり返ってしまうことばかり。まるでオセロゲームです。

身近な例で申し上げれば、学生から社会人になった人、独身から結婚した人、結婚してから離婚した人、健康だったのに病気になった人、闘病生活を終えて健康になった人は「何が正しくて、何が間違いなのかわからない」と両手をひよこの羽みたいに広げて思案顔になります。

『般若心経』では、そこで思考停止せずに、さらに「正と誤などの対立概念からは、離れたほうがいい。気にしないほうがいいと悟りなさい」と説きます。

二元論は白黒をつけるのでわかりやすい思考方法。しかし、それをクセにしないほうが、ずっと楽に生きていけます。

○「等身大の生活」が幸福のカギ

じつは、私、ある筋から頼まれて占いサイトに参入しています。その名も『守本尊《まもりほんぞん》説法伝書《せつぽうでんしよ》』。一部無料ですが、聞きたい内容によって有料になります（本書をお読みになっている時点で、まだサイトが運営されているかどうかはわかりません）。

私はつねづね、占い依存症の人のことが気になっていました。ナニモノかにお伺いを立てて自分のことを決める生き方は、主体的ではありません。いつでも他に頼りきっている人は、自己責任能力もなくなります。

そんな依存症の人が自分の力で、何とか現実に対応できるようになっていただきたいと思っていたのです。そんな依存症の人が立ち寄るのは占いサイト。ならば、そこに参入するのが一番だと考えたのです。

守本尊は生まれ年によって配置された仏さまのこと。子――千手観音、丑・寅――虚空蔵菩薩、卯――文殊菩薩、辰・巳――普賢菩薩、午――勢至菩薩、未・申――大日如来、酉――不動明王、戌・亥――阿弥陀如来。十二支あるのに仏さまが八人なのは、東・西・南・北と北東・南東・南西・北西の八つの方位に配当されているからです。なぜその方位がその仏さまなのかは、いくら調べてもわかりません。しかし、仏さまにはそれぞれ誓願や言わんとする教えがあるので、それをもとにお伝えしようと「占い」ではなく、「説法伝書」にしてもらいました。

占いサイトが好きな方はご存じでしょうが、占いサイトの占う内容はほぼ同じ。本当の自分が知りたい・自分は無理をしすぎているのか・自分に合う職場環境は・人生の転機を知りたい・自分の金運は・この先この苦しみは消えるか・運命の人とはいつ出会えるか・あの人の本音が知りたい・お金の問題から抜け出すには・自分の持っている特別な才能は・自分が成功を手にする時など、悩める人たちの知りたいところを見事につきます。

私もこれらの問題について、仏教的なアドバイスを守本尊に合わせて展開しました。書いた文字数はゆうに十万字を超えました。

みんなどうすれば幸せになれるのかを知りたいのです。しかし、それは決まっていません。タロットも星座も守本尊も、答えを出してくれません。

言えるのは、**自分自身のことをよく知ること、等身大の現実の自分を知ること。それに見合った生き方をすることが幸福へのカギ**です。

冷静になって、あるがままの自分を知りましょう。

〇〝言い方ひとつ〟で人間関係は変わる

職場にも知り合いや友人の中にも、他人に対してアタリのキツイ人がいます。喧嘩を売っているか、他をけなしてえらぶりたいのか、たんに自分をアピールしたいのか訝《いぶか》しく思います。自分に向けられたキツイ言葉はもちろん、それが他の人に向けられても、その場にいれば愉快ではありません。心がおだやかでいられなくなります。

私の周囲にいる他人にキツイ人の多くは、弱い犬ほどよく吠えるの諺通り、自分を攻撃させまいと相手を威嚇する心根の弱い人たち。

「そんなに怯えなくてもいいですよ。この中のだれもあなたを傷つけようとしていません」と荒ぶる感情をなだめてあげたくなります。

相手が自分に喧嘩を売っているのではないかと思えば、〝私はあなたが望んでいる勝負の土俵には上がりません〟と意思表示します。

具体的には、関係ない話題に話をそらすのです。これで相手はたいがい戦意を喪失してくれます。

人にキックあたって自分をえらく見せようとしている人には、己が醜い心に気づいてもらうために「鏡、見せましょうか。鼻が高くなってますよ」と言うことがあります。

自分をアピールしたいために人にキツク当たっていると思えば「なるほど、おっしゃることはわかります」と軽くスルーして、時を待って「そんなにトゲトゲしていると精神的にも物理的にも、誰も近づけませんよ」とウィンクしながら言います。

もう一つ、相手が本当に他人のことを思ってキツク当たる場合もあります。

これは、相手の〝言い方〟の問題。

そんな時は**「ご忠告、痛み入ります。ありがとうございます」と、とりあえず受けます。**相手はこちらが感謝しているので、次に顔が合った時は優しい心を開いてくれます。その時に「この間はありがとうございました。いいことをおっしゃってくれました。言い方がキツイのが玉に瑕《きず》ですけどね」とニッコリ笑います。

やっかいなのは悪意がある場合、底意地の悪い人でしょう。特定の人だけを毛嫌いしてキツク当たる人はいるものです。ある意味で気になって仕方がないのでしょう。

だとすれば**「そんなに私のことをイチイチ気にしなくてもいいですよ」**と告げて、なるべく離れているに如《し》くはありません。

これらの対処法はいずれも私が心おだやかに暮らしていくためのものです。

しかし、同時に、**相手の心をおだやかにする方法でもある**と思うのです。

○〝失恋名人〟からのアドバイス

仏教では慈悲を説きますが、愛についてあまり多くを説きません。説くとすれば否定的な意味のほうが圧倒的に多いでしょう。

それは、愛がいつも憎しみと背中合わせだから。また、〝私の物〟という執着に通じます。執着すれば、それを失うことをいつも恐れていなければなりません。嫉妬などはその典型です。

いずれにしても、心おだやかではいられなくなることが多いので、愛には気をつけなさいと説きます。

ただし、慈悲の究極の形として「私が」「だれに」「どれだけのことを」の三つの条件をまったく意識しないで、他を幸せにする無条件の愛は大慈悲として肯定されます。

もともとお経は出家した弟子たちに向けて説かれたものですから、在家の人にまで「愛さないほうがいい」といっているわけではありません。

しかし、仏者の中には愛ゆえに苦しんだ人々も大勢いました。失恋して出家した人、愛する人が亡くなってその供養に専念するために出家した人たちもたくさんいます。

かくいう私も大学時代までは失恋名人でした。高校時代にした失恋では、頭を丸めたことがあります。女性が失恋してヘアスタイルを変えるのと同じで、今までの自分と訣別する象徴として坊主頭にしたのです。タイムマシーンに乗って当時の私の前へ立てば「おお、いいねぇ。好きになった人と別れるんなら、そのくらいじゃないといけないよ」とニッコリ笑って坊主頭をなでて、肩を叩くことでしょう。

人を好きになり、愛することは素敵なことだと思います。それが憎しみと裏腹であろうと、手放すのが惜しくて身も裂けるほどつらいものであっても、そこでへこたれなければ、愛する経験は人間性を豊かにしてくれるでしょう。

そもそもお釈迦さまも出家する前は、結婚して男の子が一人いました。二十九歳で人間の苦（ご都合通りにならないこと）からの解放を求めて出家したお釈迦さま。王子、夫、父としての立場をすべて捨てることは、親、妻、わが子からの愛に応えられないという意思表示でもありました。

どれほど切なく、苦しかっただろうと思います。愛はそんな過酷さも内蔵しています。

愛するゆえに憎みたくない、苦しみたくない、つらい思いはしたくないからと、君子危うきに近寄らずの格言のように、逃げ回る必要はないでしょう。**別れ、裏切り、独占欲という苦などを受ける覚悟をしっかりして、たくさん愛を育んでいいですよ。**

6章

「今」「ここ」を大事に生きる

○「今、選んだもの」を将来につなげる生き方

私たちは日々、大なり小なり、二者択一の問題に直面し続けます。

小さなことなら、この服を着ようか、あの服にしようか。雨が降りそうな空模様で傘を持つか、持たないか。感謝や謝罪の言葉を今日伝えるか、まだ伝えないほうがいいか。お昼はAランチにするか、Bランチにするか。

大きなことでは、この人と結婚しようか、やめようか。離婚したほうがいいか、我慢したほうがいいか。会社を辞めようか、勤め続けようか。延命措置をしてもらうか、断るか。脳死になった時に臓器移植を希望するか、しないか。

その多くは二者択一が不可能な問題で、正解はありません。ひょっとしたら、どちらも選択しないという方法もあるでしょうが、とにかくその場で、いずれかの選択を迫られます。私は一方を選択したら、これが自分の選んだ道なのだと覚悟します。選択しなかったほうは忘れるのです。

捨ててしまったことに、心を注ぎません。未練を残しても仕方ないからです。

レストランで自分が注文した後で、隣のテーブルの料理を見て「あちらのほうがよ

かったかもしれない」と後悔する人は、よくよく気をつけましょう。

あの料理を頼めばよかったなんて、今さら思っても仕方のないこと。それではこれから運ばれてくるお料理にも失礼です。気になるなら「次はあれにしよう」と、選択した結果を後悔するのではなく、次に活かしましょう。

二者択一不可能な問題に対処するのに、私の場合は、とりあえず今でなければ選べないほうを選ぼうとします。時や場所などの状況が限定されていて、後からでは手遅れになるならないほうはどちらかを考えるのです。

もちろん必要もないのに「限定生産」とか「期間限定」につられて品物を買うことはしません。必要な二者択一の時の話です。

迷った時のもう一つの方法は、自分の魂にとってよい影響を与えそうなほうを選びます。その場しのぎではなく、選んだ価値があると信じるほうです。物を選ぶ時でも、同じ品物なら安いほうを選びますが、単に価格の低さで選ぶことはしません。

二者択一不可能な問題は、選択したものを正解として、とりあえず進むしかありません。選ばなかったほうに心を残すのは、選んだ選択肢に失礼ですし、選ばなかったという過去にとらわれることになります。

今、選んだものを、将来につなげましょう。

○「無駄な一日」などない

よく尋ねられる質問に「お坊さんは毎日何をしているのですか」があります。何か作って売っているわけでもなく、大寺院でなければ毎日やらないといけない事務や経理作業があるようにも思えませんから、不思議に思われるのも当然でしょう。

ちなみに、この項を書いている今日、私は特にやるべきことがない日。ですが、家族四人はそれぞれの用事で外出しているので、私は寺にいなければなりません。その中、電話が十本。お線香を求めに玄関にきた方が三人、法事の打ち合わせが一組。その間に、宗派発行の雑誌の企画打ち合わせをメールでやりとりし、塔婆《とうば》を書き、洗濯物を取り込み、こうして原稿を書いています。

原稿を書く以外は、ほとんど生産性のない一日です。

こんな日が続くので〝私の生活はサンデー毎日です〟と答えます。

そんな生活の中で、自分に課していることがあります。それは一日生きていて感じたことを一つ、ホームページのブログにアップすること。自意識過剰な坊主だと思われるかもしれません。しかし、多くの場で「一日生きて何も感じないような日を過ごしちゃいけません」とお伝えしているので、「私は今日、こんなことを感じました。皆さんは何を感じましたか」と啓蒙しているつもりなのです。

感性さえ張っていれば、**どんなに生産性のない一日でも、楽しいと感じられることはあるもの。**それを意識すれば、その日は無駄ではなく、有意義な一日になります。

また、その日初めて会った人に、自分が起床してからその人に会うまでの出来事に感想を加えて、一つ言うようにしています。

「朝窓を開けたら部屋のよどんだ空気が外へ出ていき、一時間もしたら今度は外の新鮮な空気が入ってきましてね。私の心もこうありたいと思いました」という具合。

ちなみに、今日書いたブログはこんな感じ。

「家内が出かけているので、洗濯物を取り込むのは私の担当。夏の日ざしで乾いた洗濯物を外していると、六個の洗濯ばさみの把手が片方ない。直射日光に当たるから劣化も早いのだ。把手の一つがないとはずしにくい。だから、朝、家内が衣類を挟んだ時もやりにくかったろう。で、その六個をさっき取り替えた。きっと家内は気づかないだろう。えへへへ……と笑っている場合ではない。私が気づかない膨大なことを家内はやってくれているはずなのだ。つまり、この修理は家内へのご恩返しだと思い至った。夏の夕方の出来事である」――あなたも感想入りの日記を書いてみませんか。

○クヨクヨしてもしなくても、結果は変わらない

粋な江戸っ子を表す言葉に「江戸っ子は五月《さつき》の鯉の吹き流し、口先ばかりで腸《はらわた》は無し」があります。口は悪いけれど、腹の中に何か隠していることもないし、いつまでも根に持つこともないという意味です。

私が住職をしているお寺は東京の東のはずれの江戸川区なので、江戸時代の江戸と呼ばれる地域ではありませんが、昭和の終わり頃まで、お年寄りたちはいつまでもクヨクヨしていたり、ネチネチしている人を「そんなこっちゃ、ハラワタが腐っちまうぞ」と笑い飛ばしていました。おかげで私も年に何度か使うセリフになりました。

もう一つ、気《き》っ風《ぷ》のいい江戸っ子を示す言葉に「宵越しの銭は持たない」もあります。江戸は木造家屋が密集していたので火事になればすぐに街中に広がります。金庫などなかった時代ですから、明日燃えてしまうかもしれないお金は今日のうちに使ってしまおうという腹づもり。

口先ばかりでハラワタがない人も、宵越しの銭は持たないと割りきった考え方をする人も、共通するのはそのサッパリとした潔《いさぎよ》さです。

潔い人は、自分の意志とは関わりなく刻一刻と変化する周囲の状況（諸行無常の大原則）に対して、自分でできることをその場でやっている人です。

中国の胡寅《こいん》が『読史管見』の中で書いた〝盡人事待天命（人事を尽くして天命を待つ）〟も同じでしょう。

自分でできる限りのことをしたら、その結果は天の意志に任せるしかないと一区切りつけるのは、次にやりたいこと、やるべきことをスタートさせるのにとても大切な考え方です。

そのためには、まず自分がやるべきことをやるのが前提です。やるべきことをやらずに天命ばかりを待つのは、人生を占いに頼りきっている人に似ています。

「果報は寝て待て」ではなく、「練って待て」だと心得たいものです。これ以上はできない、自分でできるのはここまでと割りきればいいのです。

だって、これ以上できないのですから、そこからは仕方がないではないですか。

やるべきことをやった後にサッパリしている人には充実感が残ります。その充実感が、人生を確実によい方向に導いてくれます。

クヨクヨしても、しなくても結果は変わりません。明日は明日の風が吹きます。明日吹く風とともに、潔く歩きだしましょう。

○あなたの出番は、いつか必ずやってくる

一つの事業を成し遂げ、その上に名誉もあわせて得ることを〝功成り名を遂げる〟と言います。似た表現に〝虎は死んで皮を残し、人は死んで名を残す〟があります。

両方とも時代劇などでよく使われる言葉です。

戦国から江戸時代にかけて、侍たちはいつ起こるかわからない戦《いくさ》のために、日ごろから武道の鍛練を怠りませんでした。結果的に戦がなく自分が磨いた技術を発揮できなくても、いざという時、役に立てるように自己鍛練を欠かしませんでした。それでいいと覚悟していたのです。

言い方をかえれば、高い自己評価の上で、有意義な人生を送ったのです。

ところが、私たちは自己評価だけでは頼りなく、他から高い評価をしてもらうことで自己を確認しがちです。

こうした意識は、赤ん坊の頃から徐々に育ってきたものでしょう。歯も生えていない赤ちゃんが笑うようになると、大人たちは称賛の声を上げます。〝這えば立て　立てば歩めの　親心〟に叶うように成長することが、子供にとっても嬉しいのです。

学校に入れば、勉強やスポーツ、趣味や友達の数などが評価基準になって、大人たちから見守られることになります。褒められること、役に立つことに生きがいを感じるように育ってきたのが私たちなのです。

テレビや新聞では、世の中のごく一部の〝功成り名を遂げた人〟が取り上げられ、死んでも名を残す人たちの特集が組まれます。

しかし、番組や特集は、企画次第で誰にでもスポットを当てることができます。毎日お弁当を作っている人、春秋のお彼岸にお墓参りを欠かさない人、笑顔でおはようと挨拶する人など。私がテレビ局のディレクターなら、そんなどこにでもいる素敵な人たちの特集を組むでしょう。

パソコンを使える人は敬老会で重宝がられます。アレンジフラワーができる人はプライベートパーティで喝采をあびます。

さまざまな場面に出くわすことが多い現代ですから、趣味でも何でも一生懸命やっていれば、「そんなことできるんですか。助かります」と役に立てる状況は少なからずあります。

しかし、**大切なのは「仮に出番がなくても、私はこれでいい」と高い自己評価ができるように、コツコツと鍛練を怠らないこと**です。仏道修行のようなものですね。

○「いい物」「好きな物」を探しに行こう

忙しく働いて、病気になるほど緊張を強いられ、仕事に対する不満や愚痴を言い続けて定年を迎える人がいます。

健康管理部門でそんな男性社員のケアをしていた看護師は、晴れて定年を迎えた人が、これから自分の好きなことをできるようになってよかったと安心しました。

すると翌日、出勤する当人に出会います。「あれっ？　どうしたんですか。忘れ物ですか」と聞くと、給料減額の上、再雇用で働くという答え。「こういうのって、何かおかしいですよ」と看護師は私にため息まじりに言いました。

定年を迎えたのにまだ働く方々は「まだ生活のために働かないといけない」「家にいても何もすることがないから」とおっしゃいます。仕事が生きがいの人ならそれでいいでしょうが、給料のためだけに働いている人を見ると、仕事以外に生きがいを見つければいいのにと思います。

これは定年を迎えた人だけに当てはまるものではありません。

しかし、何をしたいのか、何ができるのか自分でもわからないとあきらめ、仕事に全精力を使い果たして、休日は休養するのが精一杯という人が多いのです。「いい物」「好きな物」は自分から探しに行かないとなかなか見つかりません。自分で探す、好奇心のアンテナを張ることが大切なのです。そうすると、不思議なことに向こうからアンテナに引っかかってきます。

こうしてえらそうなことを書いていますが、じつは私にはこれといった趣味がありません。「住職さんの趣味は何ですか」と聞かれると「お地蔵さまの絵を描くこと、法話に使えそうな本を読むこと、それに本を書くことですかね」と答えるのですが「いや、それは趣味じゃないでしょ」と呆れられてしまいます。

さてこれが趣味でないなら、私には趣味と呼べる物が一つもないことになります。すると、つまらない人生のようですが、これはこれでとても楽しいのです。そこで**「私は生きること自体が趣味のような物なのだ」**と気づきました。皆さんが言う「仕事が生きがい」と似ていますが、拝むことも、法話をするのも、こうして本を書くのも仕事とは思っていないのですから、私は幸せ者だと思います。

お金のための仕事に振り回されていると、息をひき取る時に「ああ、つまらない人生だった」なんてつぶやくことになりかねません。**今から「いい物」「好きな物」を探すアンテナを張って、引っかかった物から着手してみましょう。**

○「大人のカメレオンになってごらんよ」

人に嫌われることを恐れるあまり、人が気にいる言動をあえてする人を時々見かけます。幼少期には仕方がないでしょう。大人（親）から嫌われれば、小さな子供は生きていけません。

人に気に入ってもらえれば安心して生きていけます。しかし、大きくなってもそのクセが抜けない人がいます。何でも相手に合わせてしまう人です。

テレビやラジオに登場する器用なコメンテーターの中には、ディレクターに会うなり「で、今日は、私は賛成すればいいの？　反対すればいいの？」と尋ねる文化人がいると聞いたことがあります。芸能人なら、それも必要な芸かもしれません。

しかし、その場にいた司会者は「あんたは必要ないから、帰ってくれ」と怒ったそうです。主義も主張もない芸人のような文化人に憤慨し、呆れたのです。

こういう人は、マスコミの世界だけでなく、私たちの周りにもいます。周りに自分をとにかく合わせて保身をはかるタイプの人。まるでカメレオンのようです。周りに合わせて自分の色を変えれば、自分本来の色を出すことができません。いつしか「あれ？　本当の私は何色だっけ？」と自分自身を見失い、あたふたすることになります。

僧侶になりたての人は、大きな法要でさまざまな雑用を任されます。雑用でも、任されればしっかりやらなければいけません。法要の流れだけでなく、どうしてその流れになるのかも勉強しておかないと、法要がハチャメチャになってしまいます。

いつロウソクに火をつけるか、仏具をいつだれに運ぶかなども充分心得ていないといけないのです。法要でこうした雑役をこなす僧侶を承仕《じょうじ》といいます。

承仕は、法要の流れに合わせて、カメレオンのように変幻自在に動かなければなりません。同時に目立たないように動くことが要求されます。

目立たずに、自分のやるべきことを、周りに合わせてやるのが承仕の役割です。

一つの目標に向かって複数の人間が何かする時には、自分もその目標達成を望んでいる限り、人と協調し、合わせなければなりません。

カメレオンでもいいのです。強い意志を持つ、やるべきことを心得ているカメレオンです。

しかし、嫌われないため、あるいは気に入られるために周りに合わせれば、幼少期から成長していないことになります。近くにそんな人がいたら「大人のカメレオンになってごらんよ」と言ってあげてみてください。

○流行に乗るのも悪くない。でも……

お寺にいることが多く、買い物に出かけてもお目当ての物だけ買って帰ってくるような生活をしていると、世の中の流行にはおそろしく鈍感になります。

息子や娘が不思議な服を着ていたり、妙なアクセサリーをつけていると「何だ、そんなチンケな格好をして」と呆れるので、今度は「今の流行も知らないの？」と呆れられ、悔しまぎれに「いくら流行《はや》っていたって、流行を知らなきゃいけない義理もなければ恩もない」とかみ合わぬ会話をしているような始末。

もともとお坊さんは、俗世間の価値やしがらみから離れて生きようとします。ですから、私も流行の波に乗ろうと思いません。煩しいのです。

僧侶が髪を短くしている理由の一つも、そのため。髪形に気をつかっている時間を、心おだやかにするために使うことができます。

ある時、公立の小学校で講演会を依頼されました。流行に無頓着なので、十年以上前に買ったダブルのジャケットとツータックのズボンを用意すると、家族が「今時、そんなの着てたら笑われる」と言います。

では、何百年も変わらない僧侶の格好で行けばいいかというと、そうはいきません。講演会に来る人の宗教はさまざま。宗教にアレルギーを持つ人もいます。ですから僧侶の姿で行けば、余計な刺激を与える可能性が高いのです。

結果として、世間の声を代表する（？）家族の進言に、耳を傾けることになりました。キックボードが流行った時、苦労して手に入れたキックボードで隣のお寺に行こうとした時も、「バカじゃないの？」と家族に言われてあきらめました。

「流行に敏感なのは、時代の最先端の風を感じているようなもの」と言ったのは作家の五木寛之さんだったでしょうか。この言葉を聞いてから、私はこの風を感じることは悪いことではないと思えるようになりました。

深山の修行寺にこもって修行する身ならともかく、私は町の中のお寺にいます。浮世に生きる人と関わっているからです。

自分らしさを演出するために、時代の先端の風を受けることは悪いことではありません。心に新鮮な空気を入れることにもつながるでしょう。しかし、流行に乗るのは多くの人が嫌う「他人と同じ」になることでもあります。

流行の風に振り回されないように、自分らしさに重点を置いて、時代のさわやかな風を上手に受けて、笑顔で歩いていきましょう。

○夫婦円満の秘訣は「共通体験」

私が住職をしているお寺で結婚式を挙げたカップルは二組。「えっ？　お寺で結婚式？」と思われる方もいるでしょうが、おごそかな仏前結婚式ができるのです。

この中で、お坊さんが夫婦としての心構えを説く場面があります。

ちなみに、昔から例として挙げられているのは、「生死の海中に天地あり、天地あればその儀あり。これを陰陽という。陰陽、これを男女という。男女あればその愛あり。これを人情と名づく。けだし一切の男子、皆その室を有し、一切の女人ことごとくその夫あるべし……云々」

夫婦になることは万物のあり方に則《のっと》った基本的なことですよと説く冒頭部分ですが、これでは、新郎新婦をはじめ参列者も何を言われているのかチンプンカンプンでしょう。そこで、私は僧侶として思うことをそれぞれお伝えしたはずです（もうおぼえていないので、あしからずご容赦ください）。

夫婦は他人です。生まれも育ちも違いますから、二人で暮らしていくためにはいかにすり合わせをするか、妥協するかでしょう。死ぬ時に「あなたと結婚してよかった」と言えるように、二人の考え方のすり合わせと妥協の共同作業が続くのです。

具体的には、「大丈夫？」と相手を思いやり、「いい所があるねぇ」と尊敬し、「ありがとう」と感謝する心を徐々に育んでいく道のりです。おっと、もう一つ、私が家内によく言われるのは「ごめんなさい」と謝る心だそうです。

私は二十五歳で結婚しましたが、五十歳を過ぎて、もう一つとても大切なことがあるのに気づきました。それは想い出について考えた時のことでした。私たちが懐かしく思いだすのは、誰かと一緒に何かをした時がほとんどです。親兄弟との想い出、友達との想い出、恋人との想い出……。切なくなる想い出もありますが、**同じ時間、同じ場所で、共通の体験をすることが私たちの絆を強くしている**と気づいたのです。

ですから、**夫婦関係を良好に保つためには、共通体験がとても大切**なのです。〝二人で一緒に〟がキーワードなのです。

同じ場所に行き、同じ物を見て、同じ物を聞いて、同じ物を食べて、「ああでもない」「こうでもない」とその体験を共有する機会を増やしていくのです。後になって「あの時はこうだった」と語り合えることを、二人でたくさんやっていくのです。

多くの人間関係の中で、夫婦はその素晴らしいことを最も多く共有できる素敵な関係だと思います。

○「年を取る」メリットは早めに探し始めよう

お寺にいてお年寄りと接する機会の多い私は「住職さん、私は最近物忘れは多いし、シワは増えるし、あちこち痛いし。まったく年を取るのは嫌ですね」という言葉を、年間に三十回は聞くでしょう。もし、そこで私が本心から「そうですね。嫌ですね」と答えたら、私の心がおだやかではいられません。どう考えても、私も明日は必ず一日、年を取るので、毎日を嫌な気分で過ごさなければなりません。

そこで、年を取るのは嫌だとおっしゃる方々に、手当たり次第に聞きました。

「そうやって、私の気持ちを暗くしないでください。私も明日、必ず一日分年を取るんですから。だから、人生の先輩としてお聞きしますけど、年を取っていいことって本当に何もないんですか」

私は五十六歳の今日まで、年を取って悪いことは一つもありません。重いものは持ち上げられなくなったし、歯も抜けてきましたが、それは身体が「重い物は持ち上げなくていいよ。持ち上げられるものだけ持てればいいさ」と言っているのだし、「ずいぶん色々な食べ物を噛んできたからねぇ。今までは歯で味わってきたけど、これから舌で食べ物をじっくり味わうんだよ」と言っているのだと思うのです。また、年を取るのは、許せることが増えることだと思います。失敗を数多く経験しているので、人の失敗に寛大になれるのです。そもそも年を取るのは、とても自然なことです。

さて、私が年を取るメリットについて質問すると、お年寄りたちは決まってしばらく考え込みます。すぐに答えられないほど、年を取ることのよさについて考えてこなかったのでしょう。

一つ出た答えは「自分だけのために使える時間が大幅に増えた」でした。もちろんその後に「でも、有り余る時間があっても、身体がいうことをきかないんですよ」と笑います。つまり、年を取ることは相変わらず嫌なのです。

だから、多くの人が若さを保とうと運動し、健康食品を食べ、お化粧で若返りを図《はか》ります。考え方次第で、若い自分を維持しようと頑張るのも、年を取った一つのいい点でしょう。今までと違ったことに頑張れるのはいいことです。

年を取ってから年を取るのは嫌だと言う前に、今のうちから年を取るメリットを探してみてください。

あなたの周囲には、メリット探しを手助けしてくれる「年は取りたくない」と愚痴を言っている、反面教師がたくさんいるのですから。

○やるべきことは、結果がどうであろうとやる!

私たちは、生まれて学校に入るまで「よく挨拶できた。えらいね」「そんなことしたら駄目」と親や大人から褒められ、叱られて育ってきました。

学校に入れば先生から通信簿(これは私の世代の名称)・通知表などで学期ごとの評価が出されます。社会人になれば、能力に応じて評価され給料や仕事が決まります。

この間、目に見えない性格まで、優しい人、楽天的、のんびり屋、頑張り屋だと評価されます。このように、私たちの人生の大部分は、好むと好まざるとにかかわらず、周りから評価されます。

いつの間にか、私たちは周りから高い評価を受けるために努力するようになります。高評価を得るために努力するのは大変ですが、そこであきらめずに努力して高い評価を得たほうが、結果的に気持ちよく生きていける社会なのを学ぶからでしょう。

言い換えると、〝周りの人〟という神さまから褒められて可愛がられたほうが、神々の住む国では安心して生きていけるのです。

ところが、この神さまは全知全能ではありません。

蛇足ですが、私は全知全能とか絶対という言葉のスキのなさゆえの危《あや》うさが好きです。『全能の神は自分で持ち上げられないほど重い石を作れるか』という逆説問題も、意味論や宗教論を抜きにして面白いと思います。『どんなものでも溶かしてしまう液体』も『世の中に絶対なんてことは絶対ない』も愉快です——脱線してすみません。話をもとに戻しましょう。

〝周りの人〟という神さまは、それぞれの〝ご都合〟で評価をくだします。十人十色は当たり前、地域や時代が違えば、評価は千差万別、百花繚乱のありさま。種々雑多にして多種多様の色模様。

「優しい人」は、他の神さまからすれば優しすぎる、厳しさ不足と罵《のの》られ、「楽天的な人」は、悲しみを共有できない、浅薄な人間だと蔑《さげす》まれ、「のんびり屋」はグズだノロマだ、事態の緊急性を把握していないと呆れられ、「頑張り屋」は心に余裕がない、能力至上主義者だと罵倒される始末です。

生きやすさを求めるのは大切なことです。仏教も心がおだやかで生きやすい道を勧めます。しかし、その道をあやふやで危うい〝周りの人〟という神さまの評価で突き固めるのは、おやめになったほうがいいです。

周りからの評価に一喜一憂せず、自分のやるべきことをやる勇気を持ちましょう。

○仏教は、人生の「予防医学」のようなもの

江戸中・後期を代表する文人でもあり狂歌師、大田南畝《おおたなんぽ》、またの名を蜀山人《しょくさんじん》。七十五歳になって道で倒れたのをきっかけに、病床に伏すことになりました。

ある日、医者が小首を傾《かし》げるので「どうですかな」と尋ねると、医者はむずかしそうな顔をして「今度はいけないかもしれませんぞ」と言います。すると蜀山人は、おやおやと驚いて、辞世の句として残したとされるのが「今までは　人の事だと　思うたに　俺が死ぬとは　こいつは堪らぬ」の狂歌。

私たちは自分のこと（一人称）、身近な人（二人称）、他人（三人称）を使い分けして、ものごとをとらえています。他人の死と、身近な人の死は感じることがまったく異なります。いわんや、自分の死となれば尚更のことです。

仏教では、こうした人称の使い分けをしない絶対平等の境地を目指しますが、病気や老いなども、自分には関係のない他人事《ひとごと》として受け取り、たまに身近な人が病気や老いることで考えるきっかけにする程度。自分が健康で若ければ病気や老いを、わがこととして意識することはあまりありません。

仏教は、困る前に問題を解決しておく予防医学みたいなところがあります。健康で若い間に、将来問題になりそうな病気や老いを自分のこととして考えておくのです。

ここでは老いについてガイドラインをお示ししましょう。

老いには、生まれてからの経過年数、肉体的、精神的なものがあります。私の義母は「私は三十歳から年を取っていないのよ」と言いますが、これは年を気にしている証拠。**「私は今年、生まれて初めて○歳になった」**と言えばいいのです。

肉体的な老いは努力である程度防げるにしても、〝稼ぐに追いつく貧乏なし〟ならぬ〝老いに追いつくクリーム、サプリなし〟状態。シミもシワも老眼も関節痛も、精一杯生きてきた勲章くらいに思っていればそれでよしです。

精神的な老いは成熟と同義語。**若い時には気づかなかった人生の深い味わいを知ることができるのも、年を重ねるゆえです。**

他人を見る三人称的思考で「年を取るのは嫌だ」と思い、二人称的見方で「年を取るのは気の毒だ」と憐れんでいるだけでは、一人称の老いを受けいれることはできません。

どうぞ、周囲のお年寄りに「年を取っていいことは何ですか」と聞いてみてください。よくも悪くも、あなたにとって参考になる答えが返ってくるはずです。

○いいことも、悪いことも「いつか終わる」

仏教では、いいことも悪いことも続かないと考えます。というより、そもそも絶対的ないいことも、絶対的な悪いこともないと考えるのです。

一つの現象は膨大な縁の集まりで、単体で存在するものではありません。ご飯を食べるという現象は、食材、調理、食器、作る人、食べる人、食べる人の空腹感などの集合体です。これらのうち一つが欠けてもご飯を食べることができません。加えて、食事自体にいいとか悪いとかはありません。栄養が足りない人やお腹がすいている人にはいいことでしょう。しかし、ダイエット中の人には目の毒。飢餓に苦しんでいる国の人たちからすれば、一日に四食分作っていると言われる日本の食事産業はいいことには映らないでしょう。

おいしい食事も続きません。いくら贅を尽くしたお料理でもお腹がいっぱいでは食欲が湧きません。逆に、まずいと思っていたお料理も、お店によって「こんなにおいしかったのか」と驚くこともあります。

仕事や恋愛などの現象も同じです。それ自体に善悪はありません。仕事がうまくいっているからいいと思っても、他社の従業員からすれば別の会社が儲かっているのはいいことではないかもしれません。恋愛も同じ。恋い焦がれるような愛情ホルモンが分泌されるのは数年間だそうです。失恋したからと言って恋の痛手に延々と悩まされ続けるわけではありません。新しい恋が芽生えることもあるのです。

なぜいいことも悪いことも持続しないのか。それは先に触れたように、いいことも悪いことも縁の集合体だからです。この縁は減ったり、増えたり、入れ代わったりして次々に変化していきます。中でも大きな要因は時間経過という縁でしょう。

次に大きいのは、いいとか悪いとか感じる人の心そのものの変化。昨日思っていたことでも今日は変化します。経済や災害などの社会状況の変化という条件が加わっただけで、私たちの心のあり方が驚くほど変化するのは、震災で経験しています。

ですから、**私はいいことがあっても、悪いことがあっても「この状態はいつまでも続かない」と自分に言い聞かせます。**

特に悪い状態が身に降りかかった時は、状況に応じて**「一週間後には笑っていられるようにしよう」「半年後にはこの状況を人に笑って語れるようになろう」「三年後にはそんなこともあったなあと懐かしめるようになろう」**と思うのです。

縁によってすべては変化していくのです。

○あなたも、相手も、一つの尊い「作品」

どんなものでも一つの作品と見ることができます。スマートフォン、本、絵画、建物、地球、そしてあなたの人生も一つの作品です。

これらの作品ができあがるまでには膨大な準備が必要です。

携帯電話やスマートフォンなら、電話機の発明から、液晶画面、集積回路、通信技術など気が遠くなるような科学技術が下地になっています。形状のデザインも含めて設計図は何度も書き直しされたことでしょう。

そのようにして作品として形になったものが携帯電話やスマートフォンです。

あなたが手にしているこの本も、最初はメモ書きのアイデアからスタートしました。そこから最初の原稿が生まれ、私が三回校正し、さらに編集者や校正のプロの手を経て最終稿になり、印刷され一つの作品になって、今あなたの手の中にあります。

絵画も同様でしょう。下書きが何度も変更され、やがて色が塗られ、さらに色が重ねられて作品になります。作品になれば下書きはもう見えません。

建物も外観から見えない基礎工事や土台、柱などが最も重要な部分です。

地球は宇宙が百三十八億年かけてつくり上げた作品、さらに地球自体も四十五億五千万年かけて現在の姿になっています。

そして、現在のあなたの人生も、過去の膨大な準備期間を経てでき上がった一つの作品です。未完成かもしれませんが、現時点では、あなたがこれまでにやったこと、やらなかったことがすべて盛り込まれた一つの完成品です。

そして、これからやること、やらないことが、将来のあなたという作品にすべて反映されていきます。

このように、どんな物でも、どんなことでも、膨大な縁の集合体として見るのが仏教の〝空《くう》〟の教えです。

本や絵画の下書きが残っていないように、現在だけを見ているとあなたを支えている大事な部分は見えません。

見たい人は自分史を書くといいでしょう。大事な部分も、大事なのに欠けていた部分も見えてくるかもしれません。

コミュニケーションでも、他の人の言動の土台に思いを馳せる力は、思いやりにつながる大切なものです。

その力を養っていくと、人生はずっと楽しく、深いものになります。

◯「大切な人との別れ」とどう向き合うか

この項は大切な人の死について、私の日常している会話で進めます。

「生きていれば嫌でも、そして誰もが経験しなければならないことに、大切な人の死があります。さらに先には、何と、自分の死が待ってます」

「縁起でもないからやめてくださいよ。そんなこと考えたくもありません」

「あははは。原因に縁が集まってすべてのことが起こりますからね。死だって誕生という原因に何かの縁が加わって起こるんだから、〝縁起でもない〟じゃなくて、縁起の大原則にしたがって、人は死んでいくんですよ」

「それにしても大切な人がいなくなるなんて、考えただけで悲しくなります」

「そうですよね。そこでお聞きしますが、お墓参りしたことありますか」

「ありますよ」

「お墓の前で何を考えてますか。亡き人と話のようなものをしてますか」

「そりゃ、おかげでこうなりましたとか、安心してくださいとか、あれこれお願いしますって手を合わせてますよ」

「ということは、死んでも人は無にはならないとお考えで？」

「いや、無になるとかならないじゃなくて、人は死んだら終わりだと思います」

「終わり？　その人が主演した映画が終わったみたいな？」

「そんな感じですね」

「終わってしまったら、直接その人にはもう会えないし、何も伝えられないですか」

「そうですね」

「お墓の前で、亡き人に近況報告したり、お願いごとをしてるってことは、終わったとは思ってないんじゃないですか？　そこに亡き人がいると思ってる」

「そう言われればそうですけどね、実際には会えないし、話せない」

「寂しいですね」

「そう、寂しい」

「でも、あなたもいつか亡き人が行ったところへ行きますから、その時を楽しみにしておいたらどうでしょう。**日常の中でも、〝じゃあ、またね〟って、次に会うのを楽しみにしたたくさんの別れをしてるんだから、それと同じように考えたらどうです**」

○将来のことを〝妄想〟しない

〝将《まさ》に来る〟と書いて将来。〝未《ま》だ来ない〟と書いて未来。それぞれやがて来るべきものへの期待が、見え隠れしているようで面白いと思います。

もうすぐやってくる予感がする将来に対して、まだやってこないのだから考えても仕方がないではないかと言わんばかりの未来です。ちなみに英語ではどちらもfuture。辞書で〝将来〟をひくと「これからやってくる、時。普通、未来より現在に近い時をいう」とあります。たしかに「彼は将来が楽しみだ」とは言いますが「彼は未来が楽しみだ」とは言いません。

私たちは無意識に将来と未来の微妙な時間的な使い分けをしていることになります。この先、自分の人生にどんなことが待ち受けているのかは誰にもわかりません。わからないから不安だと言う人がいます。わからないから面白いと思う人もいます。

私は後者です。その時に自分がどう対応できるのか楽しみです。できなくても、「げっ。甘かったか」と、できなかった自分をニッコリ笑おうと思っています。

ちなみに吉田兼好も『徒然草』で「世は定めなきこそ、いみじけれ」と無常の世を楽しんでいます。

また、近い将来どんなことが起こるか想像できるのでやる気がでる人がいる一方で、想像できるから恐ろしいと思う人もいます。これまた私は後者。このままいけばマズイと不安になります。そこで現在の自分を軌道修正しようとするのです。

将来や未来への思いは、ある時は夢として、ある時は妄想として身を苛《さいな》みます。

夢と妄想の境目はとても曖昧。仏教では夢も妄想も〝あるがままに正しい姿を見ることができずにいる状態〟を指し、将来を夢見ることはあまり重要視しません。

現実と真実に即していつか悟りを開きたい、悟りに一歩でも近づきたいと願って、その時その時を精進努力することを説くだけです。現実を無視した夢心地や妄想は、固く戒められています。希望や願いは説きますが、夢については説かないのです。

ちなみに国語辞書によると、妄想は「根拠のない誤った判断に基づいて作られた主観的な信念。その内容があり得ないものであっても経験や他人の説得によっては容易に訂正されない」とあります。思わず笑ってしまいますね。他人がいくら「今まで生きてきた経験から言っても、そんなこと無理なのはわかるでしょ」と言ったところで、ぜんぜん聞く耳を持たないということです。そういう人って、傍にいそうですね。

将来のことを願うのはいいことです。でも、妄想はいけません。

○中国古典が教える〝失敗学〟

中国の古い話に「刻舟求剣《こくしゅうきゅうけん》」（舟に刻んで剣を求む）があります。

楚の国の人が、川を渡るのに舟に乗った時のこと。舟が川の中程まできた時、ふとした拍子に船縁から自分の剣を水中にドボンと落としてしまいます。

あわてた男は、船縁の一点にガリガリと印をつけます。これを見て船頭は「あれ、お客さま、いったい何をなさいます」とビックリすると、男は言いました。

「ああ、傷をつけてしまい申し訳ない。しかし、わしはここから剣を落としてしまったのだ。こうして印をつけておけば探すのが楽じゃ」

やがて舟が岸に着くと、男は印をつけた場所から水中に入り剣を探しました。

『呂氏春秋』で出てくるこの話には、この後、添え書きがあります。

「舟はすでに剣を落とした場所から移動している。剣は落ちたところから動かない。にもかかわらず、岸に着いた場所で剣を探すとは、何と頭が固いことだ」

〝頭が固い〟は私の訳。原文では〝惑〟が使われています。漢和辞典で惑は、〔心が狭い枠にとらわれ、自由な判断ができないでいる。狭くとらわれた考え〕とあります。

この寓話の一般的な解釈は、〝時勢の変化に気がつかずに、いつまでも古いしきたりを固守することの愚かさを戒めている〟ことが多いようです。

しかし、もう少し違った解釈をしてもいいのではないかと思います。

男は剣を落とした場所に印をつけて、その場所に固執していました。舟は動いて岸に着いたので、もはや印の場所に求めている剣はありません。

男がやらなければならなかったのは、剣を落とした時に、周囲の陸の景色を見て「あの木とあの切り株の延長線で、こちらの岸から何メートルのところだ」ということでした。それがわかっていれば剣を探せたでしょう。

男が剣を落としたように、私たちも過去に失敗した出来事があります。

しかし、男が舟に印をつけたように、過去の切ない思いだけを心に刻んでも仕方がありません。

舟が進んだように、時間も進んで周囲の状況も変化していきます。

ですから、**どんな状況で失敗したのかをおぼえておくことが、失敗を次に活かすことになります。**

成功や幸せという剣を人生という川に落としてしまったと思っている人は、よくよく〝刻舟求剣〟を参考になさるといいでしょう。

○「気にしない」、けれど「無関心」にはならない

時代を表した言葉は、時間の経過とともに忘れられていくのが宿命ですが、霊能者ブームのように、時代背景が似てくると復活するものがあります。

昭和四十五（一九七〇）年ころ流行った言葉が〝三無主義〟。昭和三十年前後に生まれた若者（私は昭和三十三年生まれなのでピッタリです）を指した言葉で、三無は無気力・無関心・無責任の三つ。これが話題になるとすぐに知識人から「これは主義と呼べるほどのものではない」と一蹴されてしまいました。

当時は自分でも「なるほど自分もそうだ」と思ったものの、それ以上は考えずに「別に気にしない」と三無らしい反応。これは三十歳になるまで続いた気がします。

時代背景の類似については社会学の分析にお任せするとして、右肩上がりの経済成長が望めなくなった今、再び無気力・無関心・無責任の三無の人が多くなりました。

「やる気だしたら？」「疲れるしぃ」「物ごとに関心を持ちなよ」「関心持ったら何かくれるの？」「もう少し責任を感じたら？」「何で私だけ責任感じないといけないの？」という暖簾《のれん》に腕押し状態。

目標を定めなければ無気力にもなるでしょう。自分の殻にこもれば無関心でいられます。人のせいにすることが上手なら無責任にもなります。

しかし、これでは何のために生きているかわかりません。見方一つで私たちの周囲は素晴らしいもので満ちています。

たとえて言えば、三無は豊富な食材が用意されているのに、その食材に関心を持たずに、味気ない食事をしているようなもの。じつにもったいないと思います。

幸いなことに私の場合、物ごとに関心を持つことで生き生きしている人が身近にいました。その人の話はいつも新鮮で、楽しいものでした。

そこで、私もなるべく多くのことに関心を持つ努力をしました。

今でも無気力になる時があります。無責任だと非難されることもあります。しかし、関心さえ持てれば、心が活性化して、生きているのが楽しくなります。

暑さ寒さに関心がないのと、暑さ寒さを気にしないのが違うように、〝無関心〟と〝気にしない〟は違います。

外の世界をシャットアウトするのが無関心で、シャットアウトせずにスルーするのが気にしないと言ってもいいでしょう。

気にしなくてもいいですから、無関心にだけはならないようにしましょう。

参考資料

『「上から目線」の扱い方』榎本博明（アスコム）
『「オバサン」はなぜ嫌われるか』田中ひかる（集英社）
『金言・名句・人生画訓3』野間清治（大日本雄辯會講談社）
『生死』板橋春夫（社会評論社）
『中国古典の名言・名句三百選』守屋洋（プレジデント社）
『武士道の逆襲』菅野覚明（講談社）
『仏さまの履歴書』市川智康（水書坊）
『唯識とは何か』横山紘一（春秋社）
ほか、インターネット各種ホームページ

本書は、本文庫のために書き下ろされたものです。

知的生きかた文庫

気《き》にしない練習《れんしゅう》

著　者　　名取芳彦（なとり・ほうげん）
発行者　　押鐘太陽
発行所　　株式会社三笠書房
〒102-0072　東京都千代田区飯田橋3-3-1
https://www.mikasashobo.co.jp
印　刷　　誠宏印刷
製　本　　若林製本工場

ISBN978-4-8379-8309-5 C0130

本書へのご意見やご感想、お問い合わせは、QR コード、
または下記 URL より弊社公式ウェブサイトまでお寄せください。
https://www.mikasashobo.co.jp/c/inquiry/index.html

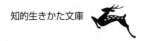

名取芳彦の本

知的生きかた文庫

般若心経、心の「大そうじ」

本書は、驚くほど〝ほっ〟とする般若心経の本です。誰もが背負っている人生の荷物の正体を明かし、ラクに生きられるヒントがいっぱい。さあ、あなたの心の中を整理整頓し、大そうじしましょう。手にしたときから、人生が変わります！

ためない練習

「人生は〝身軽〟が一番いい」お金も物も人も、「持ちすぎない」ことが大切。もっと少なく、もっと身軽に——仏教の智恵で、心と暮らしのガラクタを一掃する本。あなたも一度、身のまわりや心を点検して、ためこもうとばかりせずに減らす練習をしてみませんか。

人生がすっきりわかる ご縁の法則

ご縁の法則がわかれば、何もかもがラクになる。好転する。◎「いま・ここ」に集まっている、すごいご縁◎成功者が大事にしている「小さな縁の花」◎「義理堅い人」は、必ず良縁に恵まれる……人生をさわやかに、おだやかに生きる99のヒント

C30140